KB161662

지중해의 끝,
북아프리카와 유럽의 인카운터

지중해의 끝,
북아프리카와 유럽의 인카운터

서대성 지음

이담
Books

　유럽과 지중해를 사이에 두고 근접해 있는 북아프리카는 역사적
으로 유럽과의 교류협력을 통해 성장해온 국가들이다. 이들 나라는
기원전부터 식민지 중심도시로 존재해오다가, 현시대에 이르러서야
독립국가를 형성하였다. 이들 국가는 앞으로도 유럽연합(EU)이라는
국가에 편입할 수도 있고, 독자적인 중동국가연합과의 경제권을 지
속적으로 형성하거나 확대·강화할 수도 있다고 본다.

　25년 전 누구나 코메콘(COMECON) 국가들 중 동유럽이 EU에
가입할 것이라고는 예측하지 못했다. 그러나 현재 EU는 '아랍의 봄'
혁명이 일어났던 국가들의 연합 가입에 대한 전망을 제공함과 동시
에, 남부 유럽의 금융위기를 북아프리카와의 협력과 개발로 극복하
고, 이들이 정치경제의 민주화를 강화시킬 기회를 마련할 수 있도록
도와줌으로써 양 지역권 간 win-win하게 될 것이다.

　이집트를 비롯해 알제리, 튀니지, 모로코, 그리고 현재 리비아의
격변이 충격을 유발하고 있으므로, 한국은 이 지역을 아프리카 전초
기지로 보고 가까운 미래일지 먼 이야기가 될지 모르나 이에 대비해
야 한다. 현 상황에서 EU는 북아프리카와 중동의 주요 지역에서 민
주주의 혁명이 지속적으로 진행되길 기대하고 있기 때문이다.

사실상 터키도 2005년부터 EU에 가입하려고 협상해 왔으나 2015년 정도까지로 늦어질 전망이다. 이는 터키가 문화적인 면에서는 공통점을 지니면서도 종교적으로는 대립되는 면이 강하기 때문이다. EU의 확장이 북아프리카보다는 카프카스(Caucasus)로 선회할 수도 있다. 기독교가 흘러가서 번성한 나라들이 우선순위가 될 수도 있다. 또한 유럽으로 취급받는 국가들 중 가입 전망이 보이는 나라로는 우크라이나나 벨라루스 같은 경우도 있다. 이 경우 러시아라는 여전히 강력한 국가가 근접해 있기에 유럽 확대와 맞물려 있다. 그러나 EU는 미국의 50개 주와도 비슷한 50여 국의 가입을 희망하고 있다. 북아프리카의 민주화가 가입 전망에 낙관적인 신호는 아니지만, 지금까지의 경제협력보다는 더 확대된 초석이 될 것은 확실하다.

현재 모로코는 이미 African Union에 포함되지 않으며, 북아프리카는 African Union 국가들 사이에서 경제적 허브 역할을 해왔다. 이머징 국가로 급속도로 발전해가고 있는 African Union과의 협력도 중요한 위치이다. 이는 미래 유럽-아프리카의 협력에서 북아프리카의 EU 가입을 떠나서 중요한 지역으로 대두되는 이유이다.

앞으로 아랍 혁명이 어디로 진행될 것인가를 분석하기에 앞서 우리나라는 1989년 베를린장벽 붕괴 직후의 서유럽 기업들과 정부가 지속적인 투자로 성공을 거둔 사례를 이해해야 할 것이다. 그 당시에 선점한 기업들과 마찬가지로, 현재에도 실제로 이를 준비하고 움직인 기업들이 다른 곳으로 탐색하고 있다. 성장원동력을 위한 미래 계획 수립을 위해서도 건설 분야가 아닌 기타 산업에서 이곳에 선점할 수 있는 근거를 마련해야 할 것이다.

결국 1990년 이후 다시 적용해보면, 서유럽은 구소련의 동유럽

국가들의 안정과 우호 그리고 경제발전이 서로에게도 이익이 된다고 보고 바로 협력하게 되었다. 이들 국가가 EU에 가입하는 것은 그리 빠른 것은 아니며, 그 과정이 1989년부터 개방을 시작하여 2004년에 이르러서 가입하게 되었다. 그리고 모든 구소련 위성국가가 아직도 경제체제 이행과정에 있고 문화적으로 수용이 느리고, 개혁이 어려운 상황이다. 그래도 EU에 가입해서, 남부 유럽보다는 훨씬 더 유럽발 금융위기를 잘 극복해나가고 있다. 이것이 북아프리카와 중동과는 엄연히 다르게 나타나겠지만, 서로가 실리를 위해 협력할 것이 분명하다.

어느 면에서는 역사가 반복되지만, 소련의 붕괴와 동유럽의 자본주의로의 체제이행은 아랍 독재체제의 종식과 북아프리카와 중동 민주화에 시사하는 바가 크다. 시간이 역사적 변화의 기회를 제공할 것이다. 동유럽처럼 유럽은 이미 북아프리카와 긴밀한 경제협력을 맺고 있으며 시대적인 환경을 마련해나갈 수 있다. 유럽 국가들은 이미 대규모 교역을 위해서 주요 북아프리카 국가들과 동반자로 노력해왔다. 예를 들어 스페인과 프랑스, 이탈리아는 리비아를 비롯해 알제리와 모로코, 튀니지 등의 가스와 석유에 대해 특히 관심을 갖고 해저송유관을 연결하고 있다. 앞으로 아프리카와의 경제협력하에서 소수지만 북아프리카 국가의 EU 가입이 이루어질 것이다.

EU의 확대는 경제 침체기에서 벗어나서 EU의 안정화와 국가적 포용이라는 점에서, 유럽집행위나 지역 정부는 국가 결속보다는 협력과 확장으로 나가게 되고 이를 위해 터키 가입을 인정하게 될 것이다. EU의 지중해 남부로의 확대는 이 점에서 중요한 하나의 요소가 된다. 지금 시점에서는 이것은 확실하지 않다. 그러나 EU의 주도국인 프랑스, 독일이 인정하게 되고 그리고 다른 많은 EU 회원국들이 무역확대를 위해서라도 이를 받아들인다면 이미 민주주의화된 터키의 가입은 쉬워질 것이다. 지속적인 유럽경제의 불황 속에서 눈을 돌리고 있는 것이다.

이제 북아프리카는 과거 로마제국의 영역이었고, 제2차 세계대전 시기까지 유럽의 식민지였기 때문이 아니라 경제지리학적으로 협력이 불가피한 지역이 되었다. 지역적으로도 남부 유럽이나 중동에 가까운 것이 사실이며, 역사적·문화적 공유도 있다. 북아프리카나 중동 지역의 발전을 위해서는 식민지 시절 유럽에 대해 얽혀 있는 감정을 푸는 것이 급선무이다.

북아프리카 국가들은 빠른 경제발전을 원하며, 알제리나 튀니지, 모로코는 이미 역사적인 개방 환경에 부응하고 있다. 이와 관련하여 본문에서는 '재스민 혁명' 같은 경제사적인 사건을 사례로 다루고 있어, 북아프리카를 여행하며 경제를 이해할 수 있는 흥미로운 시간이 될 것이다.

이 지역에서의 이슬람교와 기독교의 대립에 대해서는, 앞서 이야기한 유럽과의 협력에 따른 정치경제적 논리를 언급하기보다는 여행하면서 쉽게 실물경제를 학습할 수 있도록 다루었다. 앞에서 언급한 내용을 가지고 여행하듯이 보면 북아프리카 지역의 경제지식이 쌓여갈 것이다.

서대성

목차

제3부 튀니지

제**1**부
알제리

제1장 파란 지중해

　북아프리카 서쪽에 위치한 알제리는 지중해를 사이에 두고 유럽과 근접해 있다. 이곳은 아프리카와 유럽 사이의 게이트웨이며 한때 제2의 프랑스라고 여겨왔으나 지난 반세기 동안 폭력과 폭행이 자행된 곳이기도 하다. 수만 명의 알제리인이 1962년 프랑스에서 독립을 위해 싸우다 살해되었고, 최근 1992년 선거 폐지에 따른 잔인한 내부 갈등이 드러났다. 그래서 알제리는 우리에게 낯설지만 그럼에도 불구하고 뉴스를 통해 접한 내용들로 일반적인 아프리카의 이미지가 강하다. 이는 지속되는 정부군과 이슬람 급진주의자들 사이의 내전, 민간인 대학살과 외국인 인질극 등으로 위험한 국가라는 인식이 남아 있기 때문이다.

　그러나 지금의 알제리는 아프리카의 강렬한 햇빛과 깨끗하고 순수한 파란 지중해로 과거의 상처들을 힐링하고 새로운 희망과 잠재력을 가진 나라로 전진하고 있다. 지금도 드러나지 않은 북아프리카 지중해의 깊은 역사와 문화, 아름다운 스토리들로 가득하며, 지중해의 진주처럼 가공되지 않은 모습으로 우리 앞에 보인다.

　지금의 북아프리카 역사를 보면, 오늘날 알제리 대부분 대도시의 기원은 기원전 13세기경에 시작한다. 현재의 튀니스 지역인 카르타고(Carthago)를 포함해 소아시아의 페니키아인들이 해안지대를 중심으로 무역거점을 형성하였다. 기원전 1세기경에 이르러서는 토착민인 베르베르인들이 잠시 통일국가 시기를 갖기도 했으나, 전반적으로 로마, 반달(vandal), 비잔틴 등의 외부 침략세력에 정복되어 최근까지 대부분의 역사가 식민국가로 남아 있었다. 이들 외부세력에 의해 차례로 혼혈과 문화적 동화가 되었고 일부만이 내륙에서 자국의 민족 독자성을 보존하였다.

지금의 알제리와 튀니지를 점유하고 있던 카르타고는 페니키아 시대에 가장 중요한 거점도시이기 때문에 후에 카르타고제국의 중심지가 되었다. 기원전 146년 카르타고는 로마에 패망하였고, 기원전 40년에 로마는 해안지방을 완전히 지배하였다. 지성 면에서는 그리스인보다 못하고, 체력 면에서는 이탈리아반도 북부의 켈트족(갈리아인)이나 게르만족보다 못하고, 철기기술 면에서는 반도에 최초로 독자적인 문화를 남긴 에트루리아인보다 못하고, 경제력에서는 카르타고인보다 뒤떨어진 로마인들이었음에도 불구하고 로마는 번영하고 마침내 지중해와 북아프리카 세계의 승자가 되어 천 년 제국을 경영하였다.

로마인들이 그 당시 알제리를 마우레타니아(아프리카 지방) 카이사리 엔시스라는 속국(속주)의 일부로 명명하였다. 기원전 1세기경 로마의 율리우스 카이사르와 아우구스투스 황제가 아프리카 속주에 통틀어 19개의 식민지를 세우자 이 속주는 크게 중요해졌다. 이 식민지들 가운데 가장 유명한 것은 카르타고노바였는데, 로마인들은 이것을 콜로니아 율리아 카르타고라고 불렀고, 이 식민지는 빠르게 경제가 성장하여 서로마제국 제2의 도시가 되었다. 그러나 해안 배후 지역은 로마의 통치권 밖에 있었다.

마우레타니아는 5세기에 로마가 멸망하자 독립했으나, 5세기부터 반달족, 그리고 뒤를 이어 비잔틴족이 침입해왔으며, 이 시기에 그리스도교가 확대되었고, 라틴어가 북부 아프리카 전역에 널리 퍼졌다. 그리고 7세기 아랍인에 의해 정복되었다.

아랍인들이 7세기에 북아프리카를 정복할 때까지 알제리에는 베르베르인들이 거주했고, 베르베르인들은 주로 산악 지역을 기반으로 하여 그들의 언어와 문화를 보존하고자 아랍 영향력의 확산에 저항했다. 그들은 인구의 약 30%를 차지한다.

대부분의 알제리는 7세기 무렵부터 이슬람교를 받아들였지만, 그들의 삶 속에는 고대 역사와 문화가 여전히 묻어나고 있다. 알제리의 수도이자 지중해의 중심도시가 수도 알제(Alger, 엘 제자이르)다. 이곳은 고대 페니키아 시절부터 중요한 항구도시였으며, 10세기경에는 로마와 북아프리카를 연결하는 교역 도시로 성장했다. 국제교역의 요충지였기 때문에 알제 항구는 로마제국의 형성 이전부터 해적들의 온상이었다.

항구도시의 해안가에서 언덕을 향해 오르면 카스바가 보인다. 카스바는 최고 120m 높이의 항구 뒤편 언덕 위에 세워졌다. 여기 건축물들은 대부분 16~18세기에 알제를 지배했던 해적들과 오스만튀르크에 의해 건설된, 오스만튀르크 영주들의 저택이 두꺼운 성벽에 둘러싸인 채 서 있다. 프랑스 지배 시절부터 알제리인들의 빈민가로 20세기 초까지 창녀촌도 공존했다. 알제 시내에서 가장 치안이 불안한 지역으로 전락하였다.

그러나 유네스코에서 1992년에 카스바를 세계문화유산으로 지정한 이후 지속적인 정부의 노력으로 공공질서를 바로잡아 가고 있다. 그러나 여전히 안전에 유의해야 한다. 카스바에서는 경찰관들이 관광객들과 함께 도보로 동행하면서 보호해주고 있다. 카스바에는 1612년 건축된 아랍의 술탄이 있는 성 또는 건물 등이 있는 모스크

수도 알제 시장

　도 있고, 낡은 건물들 사이 골목골목에는 관광객들을 위한 공예품
가게나 공동수도가 있다.

　16세기 초 스페인이 북아프리카에 침입하자 아프리카인들은 오스
만제국에 지원 요청을 했고 1536년까지 이 지역에 효과적 통치체계
가 확립되었다. 결국 16세기 오스만제국의 지배를 발전의 발판으로
삼으며 성장을 거듭하기 시작했다. 오스만튀르크 지배 시기에 세워
진 성채나 모스크, 이슬람 수니파 성직자와 율법학자들의 마드라사
라고 불리는 정통 신학교 등은 이 시기에 건축된 것이 대부분이다.

　300여 년간 알제리는 오스만튀르크제국의 지배를 받으면서도 튀
니지와 모로코와는 별도의 지역으로 위의 지도처럼 구분되기 시작

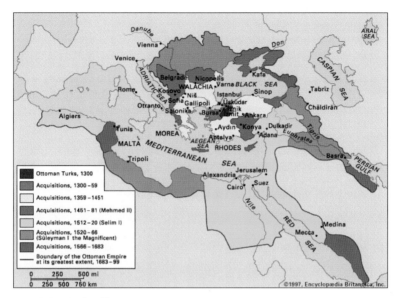

오스만제국의 영토 확장

하였다. 그 이유는 무엇인가? 알제리 정부는 그 관할지를 동부·중부·서부 3개의 하부단위로 분할 통치하였으며 그 골격은 프랑스 지배기에도 계속 유지되었기 때문이다. 1830년 프랑스가 알제리를 침략하고 통합관할지가 되었다. 그 이후 프랑스로부터 독립의 조짐은 1954년에 독립을 위한 투쟁으로 시작되어 1962년에 독립의 불을 댕긴 민족해방전선에 의해 확대되었다.

> **간략 역사정리**
>
> B.C. 9세기: 카르타고 지배
> ~B.C. 2세기: 로마제국 지배
> ~7세기: 아랍인의 침입으로 이슬람화
> ~16세기: 오스만 터키 지배

~1830년: 프랑스가 침공하여 식민지화
~1920년대 중반: Messali Hadi를 중심으로 근대적 민족주의 운동 시작
~1954년: 민족해방전선, FLN(National Liberation Front) 결성 후(11월 4일)~알제리에
　　　　서 프랑스 정부에 대항하여 무장 투쟁을 시작
~1962년: 프랑스 대통령 샤를 드골은 정전(停戰)과 독립을 선언(7월 5일)~알제리 민
　　　　주인민공화국을 수립(9월)~초대 수상에 Ahmed Ben Bella가 됨.
~1963년: 대통령중심제의 신헌법을 제정하고(9월), Ben Bella가 대통령에 피선
~1965년: 군사 쿠데타는 군 장교들로 이루어진 혁명 의회를 구성하고~Colonel Houari
　　　　Boumedienne이 정권을 장악하고(6월) 의장으로 선출됨.
~1967년: 이스라엘과의 전쟁에서 다른 아랍 국가들과 연합, 미국과의 관계가 깨짐.
~1985년: 구소련과 군사적 원조에 있어 더욱 밀접한 관계를 형성함과 동시에 민주화
　　　　와 경제개혁에 관심~민주적 개방화
~2010년 12월 아랍의 봄, 2011년 1월 14일 혁명 기념일

1. 알제리-프랑스 경제협력

1) 역사 속의 관계

영화 <캐리비안의 해적>에서처럼, 중남미 해안과 대서양 부속해역인 카리브가 배경이다. 지중해의 바르바리 지역(Barbary States)의 해적들과는 다르지만 프랑스군에 의해 바르바리 해적들이 카리브(Caribbean)로 일부 이동하게 되었다. 오스만튀르크제국의 거의 독립적인 바르바리제국의 승인하에 상인들이 무력으로 바다를 지배했다. 그러나 미국군·영국군과 전쟁을 거쳐 1830년 프랑스군은 그들의 해적 행위가 수세기 동안 지중해 무역을 위협했다는 것을 명목으로 알제리를 침공했다.

1847년까지 프랑스군은 알제리인들의 저항운동을 대부분 진압했으나 접전은 1884년까지 계속되었다. 그러나 튀르크제국의 선진문화는 18세기 유럽이 산업혁명으로 재기하면서 쇠퇴하기 시작했다. 대서양을 통해 세계의 바다를 지배하기 시작한 유럽은 근대화에 성

공한 후 지중해 남안을 넘보기 시작했다.

1870년, 프랑스가 보불전쟁에서 패하자 이를 계기로 프랑스 지배에 불만을 갖고 있던 토착세력이 대규모 봉기를 일으켰으나 프랑스군에 의해 진압되었다. 패전 및 영토상실 이후 그 타개책을 모색하던 프랑스 제3공화국 정부는 식민작업을 본격화, 토착세력의 봉기를 구실로 그 토지를 몰수하고 이를 알자스·로렌 난민을 비롯한 유럽계 이민자들에게 불하하였다. 유럽계 이민자 수 폭증은 1872년 245,000명에서 1914년 750,000명 이상으로 늘어났다.

알제리에 대한 프랑스화 작업은 다방면에서 꾸준히 진행되었고 제1, 2차 세계대전 및 인도차이나 전쟁에서 알제리 출신 병사들은 프랑스군에서 복무하였으나, 각종 권리에 있어 알제리 토착인에 대한 차별적 대우는 엄연히 존재했다.

알제리 전쟁(Guerre d'Algérie, 1954~1962) 탈식민화의 한 과정에서 벌어진 프랑스와 알제리 민족해방전선과의 전쟁으로 결국 알제리는 프랑스로부터 독립을 한다. 이 전쟁은 게릴라전, 마키, 민간인 테러, 고문 자행, 대테러 작전 등 복잡한 성격의 전쟁이었다. 또한, 이 전쟁은 다자적인 복잡한 분쟁으로 여러 세력이 서로 대립하며 전쟁이 수행되었다.

현재 알제리가 130년 동안 프랑스 식민 치하에 있다가 마지막 7년의 참혹한 전쟁을 통해 독립을 얻은 지 50년이 되는 해가 2012년이다. 프랑스와 알제리는 경제적 및 전략적 이유로 서로를 필요로 하고 있으며 과거 역사로 얽혀 있고, 특히 프랑스에는 수백만 명의 알제리인들이 살고 있다.

2) 경제협력의 필요성

알제리는 사하라사막이 육지의 5분의 4 이상을 차지한다. 여기서 석유와 가스 매장지가 1950년대에 발견되었다. 하지만 대부분의 알제리인은 북부 해안을 따라 살고 있었다. 국가가 유럽으로 천연가스의 대량 공급 및 에너지 수출로 경제의 근간을 이룬다. 석유가 풍부한 알제리는 석유수출국기구(OPEC)의 회원국이면서 프랑스는 알제리 제일의 무역 파트너이다. 반면, 프랑스에 알제리는 네 번째 무역 상대국이다. 프랑스가 경제협력을 위해 여전히 북아프리카와 깊은 관계를 갖고 지속적으로 유지해 온 이유와 현황을 알아보자.

첫째, 프랑스는 과거 상당수 아프리카 국가를 식민지배 했음에도 불구하고 오늘날 이들 국가와 긴밀한 정치·경제·문화적 관계를 유지하려 한다. 이는 피식민지 국가와 지배-종속적인 관계에서 동반자 관계로 전환하는 데 성공했다고 보는 이유이다.

둘째, 아프리카에 막대한 공적개발원조를 투입하면서 식민지 시절 영향력을 지속하면서, 1960년대 프랑스령인 아프리카 국가들이 독립한 이후에 식민제국주의의 이미지를 벗고 긴밀한 관계를 이어 가기 위해 [쌍방향 협력관계]를 강조하는 전략을 구사하였다. 그 결과 프랑스가 공적개발원조(ODA, Official Development Assistance)를 제공하고 상호 교역을 늘리는 형태로 협력하였다. 2009년 현재 프랑스는 미국에 이어 세계 제2위 아프리카 원조 공여국이 되었다.

셋째, CIAN(아프리카 투자자 협의회), CCE(국제무역 고문) 등 아프리카 내 막강한 정보 네트워크를 활용해 자국 기업의 산업 활동을 지원하고 있다. 아프리카투자자협의회는 아프리카에서 사업을 하는 프랑스 기업인 및 투자자들의 모임으로 아프리카 49개국에 걸쳐

1,000개 이상의 지사를 활용하여 정보를 수집하여 제공한다. 산업 정보를 수집·분석하는 국제무역 고문도 프랑스의 주요 아프리카 정보원으로 현재 200여 명이 아프리카에서 활동 중에 있다.

넷째, 아프리카를 프랑스 앞마당으로 삼기 위해 정치·외교·군사적 수단도 활용하기 때문이다. 프랑스는 아프리카를 국제정치 무대에서 자국의 차별성을 부각시킬 수 있는 전략적 요충지로 인식하고 정상회담·군대 파병 등을 통해 자국의 이익을 보호하고 있다.

다섯째, 국내 기업들, 우리 정부가 자원개발과 시장개척 등을 목적으로 공을 들이고 있는 아프리카 국가들과 협력을 강화할 필요가 있기 때문이다.

여섯째, 아프리카 사업을 위해서는 현지 인맥과 정보망 구축이 최우선 과제이기 때문이다. 이미 지사가 있는 기업들은 현지 지사를 중심으로 추가적인 현지 정보망과 네트워크를 확보하고 있다. 과거 알제리와 프랑스 정상은 자크 시라크 대통령 시절(2007년까지 재임)에 친선 조약이 서명될 계획이었으나 양국 간의 적대 감정으로 실현되지 못했다. 알제리의 이슬람주의 및 민족주의 정당들은 양국 유대 관계가 성립되려면 프랑스가 "식민지 시절의 범죄 행위"에 대해 사과해야만 한다고 요구하고 있는 실정이다.

북아프리카의 다양한 경제를 이해하고자 여행하면서 적은 시를 소개하고자 한다.

알제리 경제투어

먼 지중해 밤바다에서 바라보면 작은 불빛의 도시가 눈에 들어온다.
알제라는 이름에 무슨 뜻이 있는 것처럼 마음에 다가와서 찾아보
니 아랍어로 섬을 뜻하는 Al-Jazair에서 유래했다.
낯선 도시에 대한 설렘과 기대,
도시들이 눈에 익숙해질 무렵 그들의 일상생활이 궁금했다. 여행
은 그런 것이다.
시원한 바람 소리와 바다 냄새, 과거 페니키아인들이 이곳에 처음
도착했을 때의 심장 소리와 같았다.
아름다운 도시 콩스탕틴(Constantine),
알제리 북동부 도시, 인구 544,700명(2008년 기준)이며 세 번째로
큰 도시, 상업의 중심지다.
문득 콘스탄티누스 황제가 떠올랐다.
내가 여기 있다는 사실로 역사 속의 로마황제가 다가왔지만
곁에 누군가가 그리웠다.

홀로 성어거스틴이 봉사하던 안나바 항구와 채석장으로 쓰인 고
대 로마극장이 있는 곳, 스킥다(Skikda) 항구
이 항구로 온 수입품이 콩스탕틴을 통해 알제리 동부로 공급되었다.
또 독립 후 이슬람교도 난민이 유입되고, 반면에 많은 유럽인이
유출된 곳이다.
지금도 천연가스관과 하시메사우드 유전에서 송유관을 통해 운반
된 석유의 주요 판매로이며, 사프사프 계곡과 그 배후 지역에서 생
산되는 농산물과 광산물(납·철·대리석·시멘트 등)의 수출지다.

7일간의 여행. 북아프리카, 남부 지중해 연안 도시들……
익숙하지 않은 햇빛과 바람들,
그 매력이 커질수록 한여름의 강렬함과 서늘함이 이 나라를 말해
준다.
그 옛날 무역로처럼.

2. 독립 후의 경제개혁행보

1) 독립

빅토르 위고의 원작으로 제작된 할리우드 뮤지컬 영화 <레미제라블>을 기억할 것이다. 프랑스 혁명과 소외된 민중의 힘을 잘 묘사해 주고 있다. 과거 알제리가 프랑스 정부에 투쟁한 것을 이 영화가 대변해서 감동을 준다. 알제리인들은 자신들의 독립전쟁은 132년간 꾸준히 있어 왔다고 말한다. 레미제라블의 주요 배경이 되는 1832년 봉기의 시기, 실제로 알제리에서도 프랑스에 대해 저항하는 민중의 투쟁이 있었다. 과거 피흘린 혁명의 역사, 그 대가가 경제·사회적으로 얼마나 크다는 것을 이미 그들은 알고 있었다. 최근 주변국의 재스민 혁명 당시 알제리만 조용했던 이유이기도 하다.

현재 알제리는 국토가 한반도의 11배에 달하는 영토지만 이웃하는 프랑스 식민지였던 모로코와 튀니지와는 또 다른 역사배경을 갖는다. 독립적인 도시단위의 국가 형태이지만 모로코와 튀니지는 엄연히 왕과 강한 상업귀족이 존재했다. 이와 달리 알제리는 유목민족으로 사회를 구성하며, 85%가 사막인 국가이다. 132년간 프랑스의 식민지에 있으면서도 알제리는 세계적인 유명 인사들을 많이 배출했다. 디자이너 이브 생 로랑, 철학자 알튀세르, 축구선수 지단 등 우리에게 낯설지 않은 이 사람들이 알제리 출신이다. 알제리 출신 프랑스인들은 이미 대부분의 특권을 소유했고, 알제리의 이슬람교도들을 정치적·경제적으로 지배하면서도 자신들이 국민들을 가르치고 선도해야 한다는 의무감마저 있었으며, 알제리가 프랑스로부터 독립한다는 것을 자기 자신의 분신을 잃어버리는 것만큼 힘들어 했다. 심지어 프랑스식 교육을 받은 알제리의 지식인이나 상류층도 자신을 프랑스 사람이라고 인식했다.

이와 달리 알제리 국민들은 억압에서 벗어나려고 했다. 제1, 2차 세계대전에 유럽 전선에 투입되면서 해외의 알제리인들은 독립심이 커지게 됐다. 알제리인들은 프랑스가 아닌 알제리 국가를 원했고 프랑스는 잔혹한 탄압과 폭력으로 대응했다. 이때부터 알제리 독립을 위한 각종 지하조직이 비밀리에 활동했다. 1945년 5월 8일 무슬림들이 폭동을 일으켜 100여 명의 백인들이 살해되고, 프랑스 민병대인 알제리 출신 프랑스인(피에 느와르)들은 프랑스 정부의 묵인 속에 4천여 명의 무슬림을 살상한다. 이에 자유 프랑스군의 특무상사 출신이었던 알제리인 벤 벨라(Ahmed Ben Bella)를 비롯한 6인의 지도자들은 1954년 11월 1일 튀니스에서 민족해방전선(FLN, Front de Liberation Nationale)을 발족하고 프랑스군을 공격하기 시작했다.

1954년부터 1962년까지 치열한 전쟁으로 100만 명 이상의 희생자가 나왔고, 프랑스로부터 독립을 쟁취한 이후 독립을 주도했던 사회주의 성향의 민족해방전선 정당이 현재에도 지속적인 통치를 하고 있다. 실제 1954~62년 민족해방전선 주도의 독립전쟁이 전개되면서, 알제리 전쟁의 영향으로 프랑스에서는 제4공화국이 붕괴하고 1958년 드골 대통령이 재집권하며 제5공화국이 출범하였다. 그러나 드골 대통령은 알제리 민족주의 세력을 결국은 인정하고 1962년 7월 3일 독립을 부여했다.

그 당시 독립전쟁 속에는 프랑스 정부와 알제리 민족해방전선, 알제리 출신의 프랑스인들, 프랑스인 백인계 알제리인, 알제리 무슬림으로 프랑스군에 복무해온 하르키(Harikis) 그리고 프랑스 통치를 반대하면서 프랑스의 일부로 남길 원한 국민들 등이 혼재되어 있었다. 프랑스가 무자비하게 대응한 만큼이나 민족해방전선도 프랑스에 협조하거나 자신들에 반하는 이들을 모두 처단했다. 하르키들은 프랑스를 옹호하기보다는 프랑스 체제하의 군 복무자로서, 민족해방전선에 맞서서 프랑스에 순응했다. 프랑스는 이들을 적극 활용했다. 프랑스는 전통적으로 자신의 자식들 피는 아끼고 다른 민족들에 대한 지배를 유지하기 위해 언제나 외국인의 피를 사용했는데 이것이 알제리의 아픔이었다. 이 과정에서 전쟁의 비극과 프랑스의 잔혹 행위가 드러나자 국제여론과 프랑스 국내여론은 변했다. 결국은 드골도 처음에는 '프랑스의 알제리'를 선언했지만 이제 알제리를 포기해야 했다. 드골은 알제리 민족해방전선과 협상하면서, 알제리 내의 프랑스인들과 알제리 주둔 프랑스군들의 반기로 대세를 거스를 수 없었다.

하지만 알제리의 프랑스인들, 프랑스에 협력했던 하르키들은 희생자로 남았다. 프랑스는 그들을 위해 싸웠던 하르키들을 외면했다. 프랑스의 알제리를 위해 싸운다고 생각했지만 프랑스의 통제가 사라진 지역에 남았다. 전쟁기간 알제리 측 추산에 따르면, 독립전쟁 과정에서 150만 명의 알제리인이 희생당하였으며 기간시설이 파괴되는 등 많은 인적·물적 피해를 가져왔다. 초대 알제리 대통령 벤벨라의 사면령에도 불구하고 15만 명의 하르키가 목숨을 잃는다.

알제리 민족해방전선은 알제리 전쟁이 끝난 1962년 이후 수십만 명의 하르키를 반역 혐의로 숙청했다. 프랑스 정부는 알제리를 탈출한 4만여 명의 하르키를 받아들여 피난소에 수용했다. 그러나 하르키는 이후 프랑스 정부의 외면 속에 차별을 받으며 생활했다. 하르키 문제는 다민족 국가인 프랑스와 알제리 사이의 깊고도 오랜 역사적 후유증을 대변하는데, 이 문제를 이슈화해서 자연스럽게 대중에게 알렸다.

이것은 우리의 역사와 비슷하면서도 전혀 다른 양상이다. 일본 식민당국은 피식민지인들의 협력을 믿지 않았고 한국인이나 중국인을 이용하지 않았다. 실제 일본 치안당국에 기재된 한국인의 숫자는 아주 적었다. 일본 군대에 입대한 한국인의 경우 식민지 사회에서 강제징용 형태였기 때문이다.

결국 알제리는 1830년 프랑스의 침략으로 식민지가 된 뒤 피비린내 나는 무력항쟁 끝에 1962년 독립한다.

독립 이후 30여 년간 3명의 대통령이 집권했는데, 1962년 9월 벤벨라가 초대 총리로 선출되어 집권하였고, 1963년 9월 민족해방전선 유일정당제하 대통령제 도입 후 대통령에 당선되어 독재정치를 단행한다. 1965년 6월, 국방장관이며 독립전쟁 당시 군 총사령관이던 부메디엔(Houari Boumedienne)이 주도한 쿠데타가 성공하여 벤벨라 정권은 전복되고 부메디엔 주도의 군사위원회가 집권하여 사회주의 정책을 실시하였다. 1976년 부메디엔은 민족해방전선 1당주도 사회주의체제 수립을 골자로 한 헌법 개정 후 대통령에 당선되었으나, 1978년 12월 질병으로 사망하였다. 그 후 샤들리(Bendjedid Chadli) 대령이 대통령으로 선출되었다. 1986년 유가 하락으로 인한 극심한 인플레와 실업으로 인한 경제 침체로 반정부 소요가 격화되는 등 국민의 정치·경제적 불만에 대응하여 샤들리 정권은 1989년 다당제 도입 및 자본주의로 이행 단행하였다. 그해에 결성된 이슬람 근본주의 정당인 이슬람 구국전선(FIS)은 도시빈민과 청년층의 지지로 90년 지방선거에서 55%의 지지율로 집권 FLN을 압도하고 1991

년 12월, 총선 1차 선거에서도 압승하였다.

1980년대 말, 정부주도의 사회주의 계획경제에서 탈피, 시장경제 체제로 전환한 이래 현재 발전·건설·통신 등 분야에서 개방하는 등 기존의 개방경제, 시장자유화 정책을 강화해나가고 있다. 1994년 IMF 금융지원 조건하에 경제개혁, 자유화 프로그램이 도입되어 경제개혁 중에 있었으나 공기업 민영화, 금융개혁이 내부사정으로 부진을 보이고 있다.

역시 민족해방전선 소속인 현직 부테플리카 대통령은 지난 1999년 군부의 지지를 등에 업고 대선에서 승리한 후 5년 임기의 대통령직을 세 번째 연임하고 있다. 현재 임기는 2014년 만료될 예정이다. 국제투명성기구(TI)에서 매년 집계하는 부패인식지수에서는 알제리가 총 178개국 중에서 105위(2010)를 차지하여 투명성 면에서 여전히 하위권을 벗어나지 못하는 것으로 나타났다.

2) 테러

1992년 군사 쿠데타 이후, FIS의 총선 2차 선거압승이 예상되자 네자르 장군 주도 군부 쿠데타로 샤들리 대통령이 축출되고 부디아프(Mohamed Boudiaf)가 집권한다. 그래서 군부가 FIS를 불법화시키고 1만여 명의 반체제 인사를 투옥하자 이슬람 세력의 대응으로 내전이 발생하였고, 내전 중 부디아프가 암살되었다. 군부는 카피(Ali Kafi)를 중심으로 집권하다가 1994년 1월 제루알 장군(Lamine Zeroual)을 대통령으로 지명하였고, 이후 이슬람 세력과의 내전에서 수많은 사상자가 발생하였다. 1995년 8월 제루알 대통령은 독립 후 최초의 다당제 선거에서 61%를 득표하여 당선된다. 알제리의 핵심

세력인 군부는 15만 명이 숨진 1990년대 이슬람 세력과의 내전에서 승리하며 확립한 사회질서를 바탕으로 권력의 정당성을 부여해왔다.

또한 이슬람 무장단체 '복면여단'이 알제리 경제의 중추인 에너지 시설을 공격한 것을 알제리 자신들에 대한 도발로 여기고 이들과의 협상을 거부했다. 이 테러를 저지른 것으로 알려진 벨모크타르 역시 피비린내 나는 알제리 내전 과정에서 패배한 이슬람 반군 세력의 한 분파였다.

최근 2013년 1월 알제리 동남부 인아메네스 가스전에서 발생한 인질사태는 알제리·튀니지·이집트·모리타니 등 마그립 지역 국가 출신이 포함된 이슬람 무장단체가 수십 명의 인질을 살해한 사건으로 마그립 지역 내 불안한 안보 상황이 나타난다. 2013년 4월 알제리 경비대가 리비아 출신 테러리스트를 리비아 국경 근처가 아닌 모리타니 접경 지역에서 체포해 무기를 압수하는 등 마그립 지역 전체에 걸쳐 무기 밀수 및 무장 단체 이동이 비교적 자유롭게 이루어진다.

3) 화합

부테플리카 대통령 집권기를 보면, 제루알 대통령은 군부와의 갈등으로 1998년 9월에 사임하고, 1999년 4월 대선에서 군부의 지지를 받은 무소속의 부테플리카가 당선된다. 이슬람 원리주의 세력에 대한 사면실시를 주요 내용으로 하는 국민화합(Concorde Civile) 법안을 국민투표를 통해 채택하는 등 내전수습을 위한 국민화합정책을 실시한다.

최근 들어 경제개혁 및 개발을 본격적으로 추진 중이며 고유가의 혜택으로 지난 2003년 이후 연평균 6%대의 경제성장이 실현되고 있어 시장경제체제에서의 실질적인 경제성장의 궤도에 진입한 것으로 평가되고 있고 대외적으로는 2005년 하반기 EU와의 자유무역협정이 발효되고 현재 WTO 가입 협상을 진행 중에 있다.

2004년 4월 부테플리카 대통령은 대선에서 83.5%의 지지로 재선하면서, 제2기 정부는 5대 국정목표인 국민화합, 평화정착, 국가안정, 안보확립, 경제개발을 수립하고 이를 적극 추진하였다. 특별히 테러에 대한 강경대응으로 정국을 안정시키는 동시에, 강력한 리더십으로 집권 3기(2009.5~2014.4)에 돌입한 부테플리카 정부는 최대 정책과제로 국민화합(National Reconciliation) 달성을 설정했다. 2005년 9월 말 국민 대화합을 위한 국민투표에서 대사면 조치가 통과되어 내부적으로는 테러를 종식시키면서 정치·사회 안정을 이루었다.

2008년 11월 대통령 연임 제한 철폐 등을 골자로 한 부테플리카 정부의 헌법 개정안을 알제리 상·하원 합동회의에서 통과시킨다. 2009년 4월 부테플리카 대통령은 대선에서 주요 야당이 불참한 가운데, 90.24%의 지지로 3선에 성공한다. 제3기 정부는 2008년 글로벌 금융위기와 연이은 유가하락 등의 영향으로 외국인 투자 시 국내 지분 49% 의무화, 수입규제 강화 등 보호주의적 경제정책을 추진하였다. 2011년 2월 비상사태 해제 및 정치관계법 개정 등 정치개혁이 진행되었다.

4) 여성의 사회참여도

이슬람 국가들 중 보기 드물게 여성의 사회참여도가 높다. 그 이유는 계속된 내전과 빈곤 등의 사회문제로 알제리에서는 대학을 나와도 수입과 신분상승의 보장이 이루어지지 않은 지 오래됐으며, 이에 많은 남성들은 대학 대신 비정규직이나 프랑스 이주 등 알제리 사회 내 편입을 꺼렸다. 그래서 교육제도와 노동시장이 남성들을 대학에서 중요시하지 않았기 때문이다. 실제 대학생의 65%가 여성이고, 졸업생의 80% 이상이 취업하는 등 알제리 여성은 주변 다른 국가에 비해 사회적 활동이 많다. 여성들은 사회적 억압을 극복하는 수단으로 대학교육에 집착했다.

그러나 알제리가 주변 아랍, 북아프리카 국가에 비해 여성의 복장과 사고가 개방적인 사회이긴 하나 이슬람의 가치도 함께 공존하는 사회인 만큼 이슬람의 가치와 믿음을 존중하며 현지 여성 바이어와 문화적 공감대를 인정해야 한다. 불필요한 오해를 살 수 있는 악수 등의 신체접촉, 식사대접 시 음주 등과 관련해 미리 비즈니스 여성들의 의사를 타진하고 적절히 행동해야 한다.

여성의 사회 진출이 활발한 알제리는 132년에 걸친 프랑스 지배로 인해 알제리 여성에게 베일 사용이 금지되는 등 다른 아랍 국가에 비해 모슬렘 여성의 사회적 자유로움이 비교적 높게 보장되어 왔다. 또한, 1950년대 프랑스 독립투쟁 시절부터 알제리 여성은 비전투요원으로서뿐만 아니라 전투요원으로서도 적극적인 참여를 하는 등 사회의 주요한 구성원으로 활약했다.

국제위기그룹(ICG, International Crisis Group)의 북아프리카 담당자 Hugh Roberts는 "알제리 여성에게 대학교육은 집에서 나와 일할 수 있는 사회적 보상이 뒤따르므로 물질적 보상보다 더욱 중요한 요소"라고 말한다. 알제리 종교상황은 이런 여성들의 활약에 걸림돌이 되기는커녕 도움을 준다. 현재 알제리에서는 이슬람 근본주의 종파보다 더 자유롭고 신비주의적 해석을 앞세운 종파가 주류를 차지하기 때문이다. 이는 '이전 세대보다 종교적이며 현대적인' 여성을 낳고 있다.

최근 투자진흥청(ANDI, Agence Nationale de Developpement de Investissment), 무역위원회(CNAC, Commission Nationale d'Amenagement Commercial), 소액대출 관리원(ANGEM, Agence Nationale Pour la Gestion du Microcredit) 등의 몇몇 공공기관에서는 젊은 여성사업자들을 위한 지원을 확대하고 있다. 2013년 공직에서 일하는 여성의 숫자가 60만 9,160명이며, 비율로는 전체의 31.8%에 달한다. 총 11만 6,474명의 여성사업자 중 10만 9,771명(7.3%)은 개인사업자이고 6,703명(4.8%)은 법인사업자인 것으로 상업등기소(CNRC: Centre National du Registre du Commerce)에 의해 확인된다. 이 수치는 알제리 전체 사업자 수 159만 6,352명 중 7%에 해당하는 수치이며, 2011년 대비 여성사업자 수는 0.6%(733명) 증가했다. 여성사업자들은 2006년 9만 8,117명에서 2010년 11만 5,741명, 2012년 11만 6,474명에 도달하기까지 총 6년 동안(2006~2012) 그 수가 18.7% 증가했다. 프리랜서나 예술직업, 농업 분야의 여성들을 포함시키지 않아 실제로는 더 많은 수의 여성들이 상업과 서비스업에 종사하는 것이다. 가장 많이 활동하는 분야로는 도매업 47.8%(10만 9,771명-여성 개인사업자), 서비스업 38.7%(6,703명-여성 법인사업자), 공공건설 분야 24.8%와 수입·수출 분야 19.7%이다. 그리고 나머지는 제조업과 제과업이다.

여성사업자의 지리적 분포로는 알제 시에 1만 1,754명(10.09%), 오랑(Oran) 시에 7,567명(4.49%), 틀렘센(Tlemcen) 시에 4,735명(4.06%)

이다. 그 외 틴두프(Tindouf) · 티셈실트(Tissemsilt) · 윌라야 일리지(Illizi) 등 36개의 시에는 1,000명 내지 3,000명의 여성사업자가 있다.

5) 개혁

한편 모든 무역거래에 대한 신용장거래 의무화, 외국기업 투자 시 지분의 49%까지만 허용하는 법안이 2009년부터 도입되어 경제자유화 기조에서 숨 고르기에 들어간 상태다. 외부적으로는 국제 에너지 가격 상승세가 지속되어 연간 300억 달러를 넘는 외화가 유입되어 정치 · 경제 안정으로 경제개혁을 추진한다.

현재 경제개발 5개년 계획(2010~2014)을 추진 중이며 국제수준에 부합하는 경제 시스템을 갖추어 외국인투자유치와 경제효율성을 제고하기 위해 현재 경제개혁 프로그램도 진행하고 있다. 알제리 정부는 1,200여 개에 달하는 국영기업 민영화 등 비효율적인 공공기업 구조조정과 금융 분야 개혁 등 주요 경제현안에 대한 개혁 작업이 정치권과 노조 등 반발세력과 정치 · 사회적 요인으로 지지부진한 상태에 있으나 경제개혁은 지속될 것으로 전망된다.

6) 경제개발

현재 공식적으로 10% 안팎의 실업률을 나타내고 있는데, 특히 총인구의 65%를 차지하고 있는 30세 미만의 젊은 층의 실업률은 20%에 육박하고 있어 사회문제화되고 있는 실정이다. 이에 알제리 정부는 2010~2014년 2,860억 달러를 투자할 계획을 천명했으며 투자 프로그램은 대부분 사회기반시설, 즉 도로 · 철도 · 항만 · 공항 · 통신 등이며 아파트나 빌딩 · 댐, 수력발전 · 수로 건설 등에 투입해 일자리 창출을 통해 실업도 해소하고 경제인프라도 구축하려는 정책을 시행 중에 있다.

국제에너지가격 상승추세로 지속적으로 증대되고 있는 Hydro--carbons(원유, 가스) 판매 수입의 사용처를 경제정책의 우선순위인 실업해소와 인프라 확충에 두고 있으며 날로 확대되고 있는 민간 부문에 금융지원이 부족해 민간기업의 성장에 걸림돌로 작용하고 있는 중이다. 그러나 2009년 이후 부패스캔들, 입찰 시 알제리 기업에 대한 25% 가격 특혜 등으로 인해 대형 프로젝트 발주가 주춤하고 있는 실정이다.

7) 시장경제 체제로의 혁신

경제 시스템의 대대적 재조정이 진행 중이며 통상법 및 기업법 등 제도적 정비도 이루어지고 있고 금융, 재정, 재화 및 서비스 분야를 자유화하고 그 운용의 현대화를 위해 노력 중이다. 한편, 관세 및 세제개혁, 투자 관련 법령 및 공기업 민영화 법령이 재개정(2001년 7월)되어 알제리 정부의 법 제도적 정비는 EU 준회원국으로의 가입을 가능하게 했으며 현재 WTO 가입 협상이 진행 중에 있다.

2005년 하반기부터 신수입정책, 세무조사 강화, 중앙은행의 은행 구조조정을 위한 사전단계로 여신감독 강화 조치 등이 취해지고 있어 시장상황이 급변하고 있는데 2005년 하반기부터 수입업 법정 최소자본금을 12,000달러에서 260,000달러로 대폭 상향 조정해 자격요건을 강화하는 신수입정책을 시행 중이다. 동 조치의 배경은 2005년 9월부터 알제리-EU 간의 자유무역협정이 발효되고, 현재 WTO 회원가입 협상이 진행 중인 가운데 그간 IMF 등에서 권고해온 은행

개혁 등을 통해 알제리의 후진적 경제시스템을 국제수준으로 향상시키면서 외국기업의 알제리 진출 환경을 개선하고 경제발전을 도모하기 위한 것이다.

8) 민영화

민영화 전담부서를 신설하고, 산업 분야에 걸친 50여 개 주요 기업 그룹의 143개 자회사를 민영화 추진 대상으로 기선정(2001.11)한 바 있으나 실제 민영화 작업은 노조의 반대로 추진에 어려움을 겪고 있는 중이다. 현재 주요 민영화 법안이 정치·경제·사회적인 이유로 진척이 더딘 편이나 외국자본과 기술이 필수적인 통신 및 발전 분야 등 비전략적인 분야에는 개혁이 상당히 진행되고 있다. 지속적인 고유가 구조 및 부테플리카 대통령의 개혁·개방화 정책 추진으로 최근 5년간 연평균 2.7%의 성장세를 실현하고 있다.

이는 오일머니 유입에 힘입어 외채 조기상환 및 외환보유액 확충을 통해 경제발전을 위한 탄탄한 재정적 기반이 마련된 데 따른 것으로 석유·가스 판매수입을 일자리 창출을 위한 인프라 확충과 공공주택건설 등 공공프로젝트 사업에 대거 투입할 계획이다. 아울러 '경제개발 5개년 계획(2010~2014)' 기간에 인프라 건설, 산업 다변화, 신기술 개발 등 경제개발 프로그램에 투자할 예정이다.

유세프 유스피(Youcef Yousfi) 에너지광물부장관은 2012년 상반기 국제유가 하락세에도 불구하고 경제개발 프로그램의 정상추진에 문제가 없을 것으로 평가하고 있으며 베니사드(Benissad) 재무장관도 국제유가가 배럴당 37달러 이하로 하락하는 경우에도 향후 3년 동안은 국제금융위기가 알제리 경제에 위협요인으로 작용하지 않을 것으로 전망하고 있다.

9) 재정

지난 2009년 4월 9일 실시된 대통령 선거공약 이행을 위해 팽창 예산을 편성한 바 있는 알제리 정부는 2000년대 초반 20%를 상회 하는 실업률에서 최근 2011년에는 10%로 안정이 되기는 하였지만 실업률이 여전히 높은 관계로 정치 사회 불안을 해소하기 위해 실질 성장률을 5~6%로 유지하기를 희망한다.

지난 2009년 알제리의 연간 GDP 1,746억 달러의 산업별 구성비 를 보면 석유-가스(Hydro-carbons) 부문이 45.9%, 농업 7.6%, 제조 업 5%, 서비스업 20.1%, 기타 3.4%로 구성되어 이처럼 원유 및 가 스로 대표되는 Hydro-carbons 관련 산업이 알제리 경제를 지탱하고 있는데, 동 부문의 수출비중이 전체 수출의 98%에 달할 정도로 동 산업에 대한 의존도가 너무 높은 취약한 경제구조를 가지고 있다. 2000년 이후 고유가에 따른 재정수입 증대에 힘입어 2001년 총 80 억 달러 규모의 경제도약 4개년 계획을 추진했고, 지난 2005~2009 년 중 총 600억 달러 규모의 제2차 경제개발 5개년 계획을 추진하 였으며, 제3차 경제개발 5개년 계획에서 경제 다변화를 위해 총 2,860억 달러(신규 사업에 1,560억 달러) 투입 등 인프라 구축을 통 한 실업문제 해소와 산업 고도화를 추구하고 있다.

2000년 이후 정부 재정지출이 꾸준히 증가하고 있음에도 불구하 고 재정수지는 고유가에 따른 수입증가로 지난 5년간 흑자를 기록 중이며 고유가로 인한 안정적 재정수입이 지속되고 있어 향후 수년 간 정부의 확대 재정 기조는 유지될 전망이다.

10) 통화

알제리의 통화정책은 물가안정이 최우선 정책목표로 설정되어 있으며 알제리 중앙은행(BDA)은 할인이자율(Discount rate)을 지속적으로 인하하는 등 알제리 디나르화 통화안정을 위해 노력 중이다. 일반 국영은행 및 시중은행의 대부이자율은 8.0%로 인하되어 중앙은행 할인이자율과 일반은행의 대부이자율 간의 격차가 줄어들고 있는 추세다.

IMF 등 국제금융기관에서는 알제리 정부의 통화정책이 원유 및 가스 부문 산업에 과도하게 의존적이며 채권시장 등 금융산업이 전반적으로 낙후되어 있고, 국영은행 간 경쟁요인이 미미하며 지불시스템의 낙후 등으로 통화정책수행에 어려움을 겪고 있는 것으로 평가된다.

EU와의 제휴협정 발효(2005.9), 2006년 말을 목표로 진행해왔던 WTO 가입 협상(2013년 현재까지도 협상 추진 중), 시장 개방과 경제 효율화를 통한 경쟁력 강화 차원에서 국영기업 구조조정 등 금융개혁을 추진 중에 있으나 단기간에 성과를 내기는 힘들 것으로 보이며 각종 규제와 취약한 금융환경이 외국인 투자 유치의 걸림돌로 작용하고 있어 금융개혁이 시급한 상황이다.

2012년 현재 인플레이션 억제 및 수입 제한을 위한 디나르화 약세 기조가 유지될 것으로 전망되며, 이에 따라 알제리 중앙은행은 1달러당 76.01디나르의 환율을 유지시킬 것으로 예상된다.

11) 인플레이션

1996년 20%에 달했던 인플레 증가율이 지난 1990년대 후반 이후 정부의 생필품에 대한 보조금 삭감 등 억제적인 재정금융정책을 시행한 결과 2000년대 들어 안정적인 2~3% 선대의 인플레 증가율을 보였으나 최근 다시 5%대로 높아지고 있다

지난 1998~2002년 평균 인플레율은 2.7%이며, 2010년 5.0%로 다소 높아졌으나 개발도상국 중 알제리는 비교적 안정적인 인플레율을 보이고 있는 인플레 모범국으로 평가된다. 그동안 유로화의 강세 지속으로 인해 디나르화 표시 수입 단가가 인상되면서 인플레이션이 우려되었다. 최근 유로화는 약세로 돌아섰으나 달러 대비 디나르화가 약세를 보이면서 시장 전체적으로 가격상승 압력을 받을 것으로 예상된다.

하지만 올해 2012년 인플레율은 식량가격의 가파른 상승의 영향으로 8.5%까지 상승했다. 이에 따라 알제리 정부는 내년 인플레율을 4.0%대로 낮추기 위해 유동성 환수와 대출제한 조치를 취할 것으로 예상되나 가격 자체에는 미미한 영향을 줄 것으로 보인다. 정부는 높은 인플레율로 인한 사회불안 고조를 막기 위해 공공 분야 노동자에서 전 분야의 노동자로 임금 상승을 확대하였다.

1 2) 대외교역

2011년도 알제리의 무역 수지는 279.40억 달러로 전년 182.00억 달러 대비 56.42% 증가하였다. 이 중 수출은 728.80억 달러로 전년 570.90억 달러 대비 27.65% 늘어났으며, 수입은 449.40억 달러로 전년 388.90억 달러 대비 15.55% 증가하였다(자료원: EIU COUNTRY REPORT, 2012년 12월).

통계수치에 의하면 지난 2004년 말 기준 알제리는 EU권 국가에

대한 수출비중이 55%와 이들 국가에서 수입이 57%를 차지한 것으로 집계됐다. 한편 알제리와 EU권과는 지정학적인 위치로 인한 단기간의 수송과 정치·경제적인 관계 이외에 지난 2005년 9월 자유무역협정이 발효되어 원자재 등 일부 품목에 대한 EU산 관세가 면제되고 오는 2017년까지 단계적으로 관세가 인하될 예정이어서 양지역 간 교역 의존도가 날로 증가할 것으로 예상되고 있다.

품목별 수입과 관련해서는 산업장비가 157.08억 달러로 전체 수입의 33.81%를 점유하였고, 반제품이 104.80억 달러, 식료품이 97.55억 달러, 소비재가 72.70억 달러 순으로 집계되었다. 특히, 식료품 수입은 전년 동기 60.58억 달러에서 97.55억 달러로 61.03%로 크게 증가하였고, 전체 수입 중 점유율도 14.97%에서 21.00%로 증가하였다.

한편, 수출은 원유가의 상승에 따라 탄화수소 에너지 수출이 712.41억 달러로 전년 555.27억 달러 대비 28.30%로 크게 증가하였으며, 전체 수출 중 점유율은 97.07%로 여전히 절대적인 비중을 차지하고 있다. 2011년도 알제리의 주요 수출대상국으로는 미국(20.78%), 이탈리아(13.47%), 스페인(9.79%), 프랑스(9.01%), 네덜란드(6.98%), 캐나다(6.35%) 순으로 최근 대미 수출이 에너지를 중심으로 급증하고 있다. 주요 수입 대상국으로는 프랑스(20.78%), 이탈리아(9.93%), 중국(9.86%), 스페인(7.15%), 독일(5.40%), 미국(4.60%), 아르헨티나(3.84%) 순이며 우리나라는 주요 수입대상국 중 9번째(3.46%)이다.

2008년까지 고유가 지속 및 원유 가스 등 에너지생산이 증가함에 따라 수출은 지속 증가하다가 최근 몇 년 사이의 금융위기로 잠시 주춤하였다. 하지만 본격적 경제개발 시행으로 수입 수요가 다시 급증하고 있는데, 주요 수입 품목은 승용차·상용차·통신기기·건설 중장비 등이다. 한국의 대 알제리 주력 수출상품은 승용차·상용차·통신기기·건설중장비 등이며 대 알제리 수출은 2012년 1월 1.26억 달러로 6위를 차지하였으나 전년 동기 대비 31.52% 감소하였다.

3. 불모지에서 부국으로

알제리 면적을 다시 말하면, 아프리카에서 두 번째, 한반도의 약 11배 크기, 전 세계에서 열 번째로 큰 나라로 북아프리카의 중앙에 위치해 있다. 국토의 85%가 사하라(Sahara, 불모의 땅)사막이지만, 현재 사하라에는 석유·가스·다이아몬드·금광 등 막대한 자원이 매장되어 있다. 알제리는 원유 매장량 세계 14위, 천연가스 세계 8위 등 풍부한 천연자원을 가지고 있다.

북부의 텔(Tell) 지방은 산지이고 두 개의 큰 산맥으로 이루어져 있다. 텔과 사하라 사이는 고원으로 최고봉은 아틀라스산맥의 자발 젤리아이며, 지표면에서의 고도가 2,536m이다. 접경 지역 및 국가로는 북방에 지중해(해안선 1,200㎞), 서방으로는 튀니지 및 리비아와 접경하고 있고, 남서로는 모리타니 그리고 서부는 사하라, 남방은 말리 및 니제르와 맞닿아 있다.

사하라 아틀라스(Atlas) 남으로는, 알제리 국토면적의 80%를 차지하는 광대한 사하라 황야가 펼쳐진다. 사하라 지역의 대부분은 바위 고원 및 자갈 평지이며, 광활한 두 개의 모래 지역, 즉 서부 대 에르그(모래)와 동부 대 에르그가 사하라 황야의 일련의 주요 사구를 형성한다. 사하라 남부는 아하가르(Ahaggar) 산악 지대로, 이는 점차 높아지는 황량한 고원지대이다. 그 중앙 지대는 톱날식의 산악 지형을 형성하고 있는데, 타만라세트(Tamanrasset) 지역 북쪽은 해발 2,908m이고 그 최고점은 타하트(Tahat) 산으로 3,003m에 달한다.

알제리의 석유 매장량은 약 122억 배럴로 전 세계에서 14위를 차지한다(2011년 9월 기준). 가스 매장량도 4.5조㎥로 세계 8위의 에너지 부국이다. 1인당 국민소득(GDP)은 8천 달러 안팎으로 북아프리카의 평균 1인당 GDP 1천 달러와 비교해 훨씬 높다. 알제리 수출의 약 98%가 석유와 천연가스다. 국가 재정 수입의 70%도 석유와 가스가 차지한다.

주요 개황

면적	2,382천㎢	GDP	1,901억 달러(2011년)
인구	35.95백만 명(2011년)	1인당 GDP	5,288달러(2011년)
무역 의존도 (GDP 대비)	(수출＋수입)/ＧＤＰ= 30.83%	주요 에너지산업	원유, 천연가스
대외정책	친서방	환율(달러당)	72.94(2011년)
정치체제	대통령중심제	통화단위	Algerian Dinar(AD)

알제리 정부는 원유 수출로 재정이 건전해지면서 국민의 불만도 빠른 조치로 해결해왔다. 정부가 즉시 지출할 현금으로만 2천억 달러를 보유하고 있다.

2011년 초 '아랍의 봄' 민주화 시위가 북아프리카를 휩쓸었을 때 알제리만 피해갔다. 이는 20% 이상인 청년 실업률을 낮추려 했으며 자영업 보조금을 지급하는 등 신속하게 예산을 늘려 국민시위를 잠시 막았기 때문이다. 2010~2012년까지 2.4~3.3% 경제성장률로,

실업률은 최근 3년간 10% 내외를 유지한다. 그러나 정치·경제·사회적으로 점점 더 소외받는 남부 출신 청년들은 정부에 대한 불만을 표출하기 위해 테러리스트에 가입하기도 한다. 그래도 2010년 유럽발 경제위기 속에서도 전 세계의 석유 수요가 지속적으로 유지되었기에 알제리의 경제가 위기를 쉽게 넘길 수 있었다.

그러나 국가 산업에서 석유·가스 관련 산업이 96.7%를 차지하는 게 오히려 장기적인 국가 발전에 걸림돌이 될 수 있다. 이는 국제 에너지 가격 변동에 따라 경제가 좌우될 정도로 석유산업 비중이 너무 크기 때문이다. 문제는 알제리 정부의 관료적 권위주의 체계로 석유산업에 의존도를 계속 높이고 다른 산업 투자에 등한시해왔다. 이러한 이유로 국가는 부유하지만 국민은 가난에서 벗어날 수 없게 되고 있기 때문이다.

만약 석유가 바닥이 나면, 다른 농업과 관광업을 키울 수 있는 알제리의 좋은 여건을 개발하여야만 한다. 알제리의 지중해 연안 도시는 비옥한 토지와 천혜의 자연조건으로 경작에 매우 유리한 여건을 갖췄다. 1830년대 식민통치 하기 전의 알제리는 농촌 사회였고, 여기서 생산된 곡물은 프랑스 등 유럽에 수출되었다.

제2장 유럽과 북아프리카의 연결—알제리

알제리는 고대 페니키아 시대에서부터 시작한다. 페니키아인들의 생산품과 교역방식을 이곳 알제리에서 이해할 수 있다. 페니키아인의 활발한 지중해 원거리 교역상을 살펴볼 수 있는 곳이다. 옛 용어로 시돈(중동)에서부터 바다를 건너 가져온 세상에서 가장 귀중한 항아리들이 나온다. 페니키아인들이 멀고 먼 안개 낀 바다를 건너 항구로 가지고 와 선물로 준 것이다.

여기에 원형극장이나 신전, 바실리카 등과 같은 대부분 비잔틴 시대의 유산 등이 공존해 남아 있는 곳이다. 옛 도시가 끝나는 지점까지 다다르면 절벽 밑으로 거친 물결이 파도와 맞닿으며 바다가 나온다. 북아프리카의 지중해 끝이다. 그리고 그 건너편이 바로 프랑스이고 가깝게는 스페인이다. 그러다 보니 알제에서 사하라사막을 가로지르는 알제리 남쪽 도시 타만라세트까지 2,000㎞에 이르기에, 알제에서 파리까지의 거리보다 먼 것이 사실이다. 사하라를 고향으로 유목 생활을 하는 토착 투아레그족이나 베르베르족들의 전통과 관습보다 로마나 유럽의 해양 문화가 더 강하게, 더 빨리 스며들 수밖에 없는 북아프리카 문화의 특성은 가봐야 이해가 될 듯하다. 문화는 뒤섞일수록 발전하고, 이해하고 받아들일수록 더욱 아름답게 빛난다는 사실을 북아프리카 최고의 해안 도시 알제에서 다시 한번 확인할 수 있다.

현지에서 지중해를 바라보면서 알제의 항구거리의 음식점에서 지중해의 생선요리를 먹어보는 것도 하나의 방법이다. 알제리의 대도시 중에서 서쪽의 오랑과 동쪽의 스킥다 여정은 알제리의 상이한 도시들로 유적지만큼이나 아름답다.

1. 특색 있는 도시들

알제리는 48개 지방(wilayas), 553개 지구(daïras) 및 1,541개 공동체 또는 지방자치단체로 나누어져 있다.

산타크루즈 성당과 오랑 항구

1) 제2도시, 오랑

오랑은 서부 알제리 지중해 연안에 위치하면서 주요 상업·산업·교육 중심지이다. 현재 알제리의 지중해 연안은 1천km임에도 불구하고, 어업 산업이 낙후되어 있다. 산업의 잠재력을 인식하고 정부는 대서양의 풍부한 어업 바닷물을 이용하기 위해 1980년대 모리타니와 세네갈과의 공동 기업을 설립했다. 역시 1989년 어획량 99,000톤으로 하락했다. 1988년 연간 106,000톤에서 115,000톤으로 어획량을 증대시키기 위해 1991년 정부는 지중해의 어업항구를 확장하고 현대화했다.

과거 역사를 보면, 오랑은 메르스엘케비르 항구와 이웃하며 지중해 해안 구역에 있다. 오랑은 알제리에서 알제에 이어 제2의 항구이다. 그 이전부터 유럽과 지중해로 연결되어 상업이 발달했으며, 10세기 초에 스페인의 남부 지중해 해안 지역에 사는 안달루시아 지방의 상인들이 북아프리카 내륙과 교역을 위해 세운 항구이다. 1236년에서 1554년까지 서알제리의 해안에 위치한 오랑에서 140㎞ 떨어진 곳에 자리한 틀렘센은 왕국을 세우면서 한때 주요 항이었다. 이 시기에 스페인계 이슬람교도 이민자들이 유입되고, 잠시나마 해적의 본거지가 되기도 하였다. 그러나 스페인의 정복(1509)과 오스만튀르크의 침입(1708), 다시 스페인의 도시로(1732), 튀르크 소유의 유대인 도시로(1792) 침략역사의 반복이었다.

마침내 프랑스가 나폴레옹 전쟁 후 부르봉 왕가가 복권되어 샤를 10세가 재위하던 1830년, 왕조의 권위를 유지하고 국내적 정정(政情) 불안을 해소하기 위하여 알제리 진출을 시작하였다. 1848년 이를 공식적으로 병합하고 알제·오랑·콩스탕틴의 3개 도를 설치해 본토 행정구역에 편입시켰다. 프랑스 세력과의 투쟁에서 패한 터키 세력은 알제리를 떠났으나 서부 오랑 지역에 근거한 압델카데르의 저항은 상당기간 지속되었다.

그 당시 쇠퇴일로에 있던 오랑은 1831년에 프랑스 사람들이 차지하고 나서부터 현대적인 항구로 발전하기 시작했다. 제2차 세계대전과 알제리 독립(1962)을 겪으면서 파괴와 피 흘림으로 얼룩졌지만 다시 지중해 경제무역의 중심이 되었다.

오늘날 오랑의 인구는 62만 8,558명(1987)이며 현재도 중요 무역항으로서 16~17세기까지 주로 유럽인들이 거주했던 도시라서 지금도 유럽인들이 많이 거주한다. 로마제국 때는 세워진 도시들과 도로들 중에서 파리, 마르세유 등 다섯 번째 도시가 오랑이기도 하다. 또한, 1920~30년대 근대 건축물들이 옛것대로 존재하는 오랑 시가지이다. 과거 오랑은 세계 여러 도시가 그렇듯 언덕 위에 세워진 구시가지인 스페인·아랍·터키 도시인 라블랑카(La Blanca), 바다 근처 라마랭과 라즈엘아인 계곡에 위치한 1831년 프랑스에 의해 세워진 신시가지 라빌누벨(La Ville Nouvelle)로 나뉜다.

이는 근대적 시가지와 이슬람교도 시가지인 알제의 카스바가 대조를 이루고 있다. 오랑항 서쪽에는 메르엘케비르 군항도 있다. 그 옛날 항구 위 고원에 위치한 라블랑카가 있다. 여기서 장관인 터키 성채 위에 스페인과 프랑스인이 다시 형태를 입힌 산타크루스(Santa Cruz) 성채가 있다. 스페인 지역이었던 곳은 골목길이 매우 좁다. 이 길을 따라가면 1838년에 프랑스인이 다시 세운 생 루이 성당(Cathedral of Saint-Louis)이 있고 오랑만 동쪽에 위치한 1734년에 보수된 카나스텔(Canastel) 항구가 나타난다. 오랑 항구의 경제가 성장하고 있음을 보여주는 것이 대학이다. 알제리 제2의 도시에 1965년 개교한 오랑 대학교(The University of Oran)와, 오랑과학기술대학교(the University of Science and Technology of Oran, 1975)가 오랑 도시의 문화를 만들어내고 있다. 2,700m의 방파제로 둘러싸인 오랑 인공항만을 통해, 북아프리카 항만의 중심지를 이루고 있다.

북아프리카 해안선을 따라 철도여행을 가길 원한다면 이집트부터 오랑을 거쳐 모로코까지 물론 노후화되긴 했지만 아프리카 전체 둘레를 돌 수도 있고, 알제리 내륙으로는 베샤르로 연결된다. 남쪽으로 엣세니아(Es-Senia) 국제공항이 있으며, 공항에 가기 전 남동쪽에 근접한 지역에 알제리 전체 수출의 90%를 담당하는 대규모 산업단지가 형성되어 있다. 이곳에 현재 르노자동차가 아프리카 시장으로 확장할 계획으로 공장을 건설하고 있다. 2014년에 문을 열어 연간 2만 5,000대를 생산하려 한다.

현지에는 소규모 식품가공공장과 제철제강소, 한국이 투자한 비료공장도 있다. 이는 천연가스를 원료로 해 액체상태의 비료를 만들고 이를 건조시켜 고체비료로 만들면 요소비료를 생산할 수 있다. 알제리 비료공장에서 생산될 요소비료의 국제가격은 1톤당 약 265달러가 되는데, 이는 같은 분량의 비료 가격은 천연가스보다 최고 60배가량 높다. 이 지역은 포도주·밀·곡물·채소·과일 등을 수출한다. 금속·화학 공업 외에 섬유제품·담배·식료품 제조업 등

무르자죠 산 정상과 오랑 항구

경공업이 성행하고 있다.

실제 오랑의 관광 명소인 산타크루스 성이 위치한 무르자죠 산 (Murdjadjo mountain) 정상에서 보면 도시 서쪽 바다 경관과 함께 참나무와 소나무들이 보이고, 도시 남쪽은 염분이 많은 저지대이고, 동쪽에는 감베타 구릉지대가 있다. 포도·올리브·감귤류·곡물·채소 등을 집약농경으로 재배한다.

2) 팀가드(Timgad)

알제리 중남부의 로마 유적지 '팀가드'가 있다. 북아프리카 대부분의 로마 도시들은 해안을 끼고 건설되었는데, 팀가드는 내륙으로 400㎞ 이상 떨어져 있다. 이 도시는 해발 1,000m의 고원지대에 세워졌고 2000년 전에는 주변에 많은 수목들로 둘러져 있었으나, 지금은 사막화로 유적 터만 보인다.

이 팀가드는 북아프리카 지역에 산재한 로마 유적지 중 가장 규모가 크고, 옛 로마의 격자형 계획도시 원형이 잘 보존되어 있어 오늘날까지도 도시설계의 원형으로 알려진다. 팀가드 도시는 기원후 100년경 로마 퇴역군인들의 거주 도시로 건설되었다. 이 도시는 7세기경 원주민 베르베르인들에 의해 재정복되어 파괴된 상태로 1200여 년간 모래 속에 묻혀 있다가 1881년에 발굴되어 1982년 유네스코 세계문화유산으로 지정되었다. 현재 트라야누스 황제 기념 개선문과 의사당, 2천 석 규모의 원형극장, 도서관, 공중목욕탕, 화장실, 시장 터와 대리석 기둥들 등의 잔재가 남아 있고 주변에 호수가 있어 이 지역의 중요한 식수 공급원으로 사용되어 왔다.

3) 콘스탄틴(Constantine)과 안나바항구(Annaba)

아틀라스산맥 북부기슭의 해발 640m이상의 높은 산과 협곡 속에 위치한 콘스탄틴은 기원전 페니키아인들이 세운 '시르타' 도시이며, 고대 로마의 요새였다. 그래서 도시 둘레 전체가 터널과 교량, 고가 도로로 연결되어 있다. 그 중에 '시디 엠 시드' 다리는 4개다리의 계곡사이에 발달한 도시 콘스탄틴의 협곡들을 가로지르는 교량 중에서 가장 유명하며, 2차선과 좁은 인도로 된 다리 계곡아래를 보면 아찔한 광경과 '르메르' 강이 흐른다. 과거 알제리의 주요도시 중 백인의 수가 가장 적은 도시였기에, 반 프랑스 해방운동의 중심지가 되기도 했다.

안나바항구는 과거 '히포(Hippo)'로 알려져 있으며, 알제, 오랑, 콘스탄틴에 이어 현재 알제리 동부의 경제 수도로써, 이 지역에 수많은 대추나무(jujube)로 인해 16세기에서 안나바(Annaba)로 명명하게 된다. 바실리카-성어거스틴이 있으며, 4세기경 로마말기에 주교 성어거스틴이 게르만-반달족의 침략으로 피난 온 피난민들을 구제하다가 생을 마감한 곳이기도 하다. 그 후 중세 시기에는 해적의 본거지가 되었다. 그 이유는 과거부터 농수산물이 풍부하여 북아프리카의 중요한 해상

시디 엠 시드 다리

무역의 기점이기 때문이다, 최근에는 인근에 가스개발로 산업단지가 조성되고 있다.

4) 사막의 수도, 티미문(Timimoun)

알제리 아드라르 주의 오아시스 마을이지만, 프랑스 최대의 정유회사 토탈이 티미문에 여덟 개 가스전을 개발한 곳이기도 하다. 그러나 티미문의 사막은 생태계적 가치가 높아서 자연 생물이 다양하고 보존이 필요한 지역이다. 알제 수도에서 비행기로 2시간 30분 걸리는 중남부 쪽으로 1,200㎞ 떨어진 곳에 위치해 있다. 티미문은 사하라사막 중에서 가장 아름다운 곳이며, 모래바람이 적고 기온도 그다지 높지 않은 11~2월이 사하라사막 여행의 최적기라 한다.

2. 지중해 가스 파이프라인

그림과 같이 길이가 650㎞인 가스관을 통해 알제리 사하라사막의 하시르멜(Hassi R'Mel)에서 오랑을 거쳐 스페인 남부, 알메리아로 천연가스가 공급된다. 하시르멜은 세계에서 18번째로 큰 유전지대이다. 2010년 초 메드가즈(Medgaz) 파이프라인을 이용하여 스페인으로 천연가스 공급을 개시하였으며, 주재국 국영회사 소나트라치(Sonatrach)는 20년간 스페인 셉사(Cepsa), 엔데사(Endesa), 이베르드롤라(Iberdrola)-GDF 수에즈(GDF Suez)사와 소나트라치 자회사 Sonatrach Gaz ComercializA.D.ora사에 연간 80억㎥를 수출하고 있다.

가스 수출을 위해 신가스관(Medgaz)이 2011년 초 가동을 시작하였으며 그해 3월에 스페인으로 가스가 처음 공급되었다. 이 가스관의 건설비용인 10억 달러 중 절반은 유럽투자은행(EIB)으로부터 차관 형태로 지원받았으며, 이는 이 가스관을 통해 EU 가스공급으로 안보 향상에 기여함으로써 중요성을 반영해 준다.

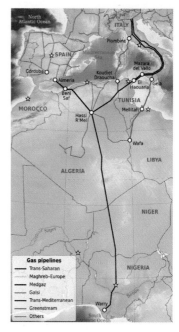

가스 파이프라인 노선

소나트라치와 BP사, 스타토일(Statoil)사 간 컨소시엄은 In Salah 지역 가스 개발을 위해 2010년 1월 페트로팍(Petrofac)사와 12억 달러 규모의 계약을 체결하고, 2013년까지 가스 생산 수준을 유지해왔다. 3월 알제리 국영석유회사 소나트라치는 이 가스관을 통해 연간 총 8Bcm의 가스를 공급하는 20년간 가스공급계약을 스페인의 셉사(1.6Bcm), 이베르드롤라(1.6Bcm), 엔데사(0.96Bcm), 프랑스의 GDF 수에즈(0.96Bcm)와 스페인에 있는 자회사 Sonatrach Gaz CommercializA.D.ora(2.88Bcm)를 통해 체결하였다. 소나트라치는 이 계약을 통해 안정적으로 유럽에 천연가스를 공급하고, 특히 스페인 자회사와의 계약으로 스페인 천연가스 시장에서 가스공급자로서의 입지를 강화하게 되었다.

그 밖의 국가로 알제리와 이탈리아를 잇는 갈시(Galsi) 가스관이 건설 중이며, 2014년 가동한다. 2007년 11월, 알제리와 이탈리아는 이 프로젝트에 대한 국가 간 협정을 체결하였다. 이 가스관의 연간 공급량은 8Bcm으로 메드가즈와 동일하다.

현재 알제리에 건설 중인 가스전 개발 프로젝트로, LNG 트레인 2기는 연간 450만 톤 규모의 스킥다(GL2K) 트레인 1기와 연간 470만 톤 규모의 Arzew(GL3Z) 트레인 1기이며, 각각 2012년과 2013년에 완공될 예정이나 지연되고 있다. 소나트라치와 이탈리아 에니(Eni)는 셰일가스를 중점으로 한 비전통가스의 탐사 및 개발에 관한 협력협정을 체결하였다. 상기 협정은 비전통가스의 잠재력 평가·연구, 탐사활동에 대한 기술적·경제적 타당성 조사, 1개 이상의 시범 프로젝트를 시행하는 내용을 포함한다.

다음은 알제리 가스전을 지역별로 그 현황과 계약 및 진행과정을 살펴보고자 한다.

첫째, In Salah 구역에서 지난 1월 이곳 라이선스를 운영하는 BP, 스타토일, 소나트라치는 In Salah 남쪽 가스전 개발을 위해 페트로팍과 12억 달러의 EPC(엔지니어링, 설비조달, 건설)계약을 체결하였다. In Salah 구역에서 북쪽에 위치한 Krechba, Teg, Reg 가스전은 연간 9Bcm의 가스 생산을 목표로 2001년 말 제1단계로 개발되었으며, 2004년 7월 처음으로 상업용 가스가 공급되었다. 그러나 이곳의 생산량이 하락할 것으로 전망되어 현재 최대생산량인 9Bcm을 유지하기 위해, 이 구역의 남쪽에 있는 나머지 4개 가스전인 Garet el-Befinat, Gour Mahmoud, In Salah, Hassi Moumène에 대한 2단계 개발을 위해 상기계약이 체결되었다. 2014년 상반기에 상기 4개 가스전에서 가스공급을 시작하려 하고 있다.

둘째, Isarene 가스전에서는 아일랜드 페트로셀틱 인터내셔널(Petroceltic International)과 제휴사들은 Isarene 가스전의 개발계획을 2012년 초 석유가스청(Alnaft)에 제출하였다. 2011년 4월 Enel TrA.D.e는 2005년부터 페트로셀틱과 소나트라치가 합작으로 개발해온 알제리 남동부의 Isarene 가스전의 지분 18.375%를 매입하는 계약을 체결하였다. Isarene 가스전에는 약 170Bcm의 가스가 매장되어 있으며, 이 가운데 30~50%가 회수 가능하다. 일리지 지역의 Isarene 가스전 개발과 관련, 아일랜드 페트로셀틱 인터내셔널사는 2011년 4월 이탈리아 에넬(Enel)사와 계약을 통해 Isarene 가스전 개발 지분 중 18.375%를 매각하였다(페트로셀틱 56.625%, 소나트라치 25%, 에넬 18.375% 지분 보유).

셋째, 티미문 가스전에서는 토털(Total), 셉사(Cepsa), 소나트라치가 티미문 가스전 프로젝트를 개발 중이다. 이 가스전은 2014년 생산이 개시될 예정으로, 연간 최대 1.6Bcm의 가스를 생산하게 된다. 이 프로젝트는 2,500㎢ 지역에 펼쳐진 8개의 천연가스층의 개발을 위한 약 40개 유정의 시추계획을 포함하고 있다.

넷째, Ahnet 가스전에서는 토털, 소나트라치, 포르투갈의 파텍스(Partex)가 올해 중순까지 Ahnet 가스전 개발계획을 제출할 예정이다. 이 가스전은 2015년 생산개시를 목표로 하며 연간 최소 4Bcm의 가스를 생산하려 한다. Ahnet 가스전은 알제리 남서부 In Salah 근처에 위치하며, 이미 12개의 천연가스층이 발견된 17,000㎢ 지역을 포함하고 있다.

1) 주변국과의 에너지라인

튀니지와 알제리는 지중해 횡단 파이프라인(Trans-Mediterranean pipelines)을 경유해 수송되는 가스에 대해 튀니지가 수령하는 가스 사용료를 증액하고, 튀니지가 알제리로부터 수입하는 액화석유가스(LPG)의 양을 연 30만 톤으로 늘리기로 하는 데 합의하였다. 또한, 재생에너지 개발 프로젝트, 특히 태양에너지 개발의 경험을 공유하는 것을 골자로 하는 양해각서(MOU)도 체결하였다. 튀니지와 알제리는 양국의 에너지 협력을 강화하기 위한 다수의 에너지 협약 체결로 인해서, 튀니지는 총가스수요량을 확보했다. 이로 인해 알제리의 가스 생산능력은 2013년까지 1,300억 ㎥ 증가할 것이며, 가스수출 능력 또한 현재의 590억 ㎥에서 2013년에는 936억 ㎥로 확장하려 한다.

알제리에서 유럽을 관통하는 가스수출 파이프라인이 동유럽·발칸 지역 등 다각화에도 불구하고 앞으로 더 확대됨에 따라, 유럽의 가스 공급국으로서의 알제리의 중요성은 지속적으로 증가하고 있기 때문이다.

2) 동향

2009년 소나트라치와 외국 제휴사들이 발견한 석유가스 매장량은 약 1억 4,000만 톤으로 석유 6,770만 톤, 천연가스 6,740만 톤, 콘덴세이트 480만 톤이었다. 소나트라치는 2008년 발견된 새로운 석유가스 매장량에서 가스가 81.3%, 석유가 17.3%, 콘덴세이트가 1.3%를 보유하고 있다.

2010년 9월 3차 석유가스 부문 탐사를 위한 국제입찰이 개시되었으며 올해 3, 4월 두 개의 신규 탐사계약이 체결되어 스페인 셉사는 Berkine Rhourde Rouni 2광구에 대한 탐사권을, 소나트라치는 Rhourde Fares 광구에 대한 탐사권을 부여받았다. 2010년 6월 소나트라치는 스페인 Gas Natural Fenosa와 협정을 맺어 알제리의 대스페인 가스수출 가격 지불을 둘러싼 두 기업 간의 분쟁을 종식한 바 있다.

Gas Natural이 2007년 이후의 가격인상에 동의하지 않자 Sonatrach가 이를 중재재판소에 회부하여 2010년 8월 소나트라치가 승소한 바 있다. 이로 Gas Natural Fenosa는 소나트라치에 미납대금을 지불하고 있다. 양 사는 향후 에너지 프로젝트에 협력함으로써 새로운 관계개선을 모색하게 되었다. 소나트라치는 Gas Natural Fenosa의 지분 3.85%를 확보하고, Gas Natural Fenosa는 소나트라치로부터 메드가즈 컨소시엄의 지분 10%를 매입할 것이라고 그해 6월 말 유스피 에너지광물부장관이 발표까지 했다. 이렇듯 현재까지도 치열한 에너지 프로젝트의 각축장이 되고 있다.

3. 해저 케이블

알제리는 지중해를 중심으로 EU와 어장을 공유하거나 인접해 있어 수산자원관리 강화가 강한 EU의 영향을 많이 받고 있다. 또한, EU 국가들의 신재생에너지 정책으로 인한 기회, 유럽은 2020년까지 재생에너지 사용비율 20%를 위하여 알제리 등으로부터 재생에너지를 수입할 계획으로 알제리와 협력하고 있다. 현재 해저고압케이블이 모로코에서 스페인까지 연결되어 있고, 해저케이블을 통해 이탈리아와 전력망을 상호 연결하는 프로젝트(500~1,000MW급, 알제리-사르데냐, 알제리-시칠리아)도 진행 중에 있다.

또한, 알제리 북부 오랑에서 스페인 발렌시아까지 ICT 관련 통신

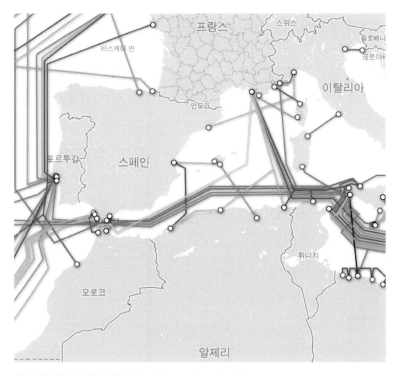

해저 케이블 노선도, 자료: http://www.submarinecablemap.com

해저케이블을 연결하기 위해, 알제리 의회는 최근 국영 통신 서비스 제공자를 민영화하는 토대를 마련, 우편 및 통신 부문 개혁을 목표로 하는 법률을 채택했다. 따라서 공정하고 투명한 민영화 절차를 보장하기 위해 정보 통신 기관을 만드는 데 합의했다.

제3장 *알제리의 경제엔진*

　북아프리카의 GDP 총규모는 5,756억 달러로 국가별로는 평균 822억 달러로 나타났다. GDP가 가장 높은 국가는 이집트로 1,880억 달러였고, 그 뒤를 이어 알제리 1,406억 달러, 모로코 907억 달러 등의 순이다. 북아프리카에서 1인당 GDP가 상대적으로 높은 국가는 리비아가 1인당 9,153달러이었으며, 다음으로 알제리 4,029달러, 모로코 2,834달러 순이다.

　아프리카 대륙 전체에서 GDP 순위는 1위가 남아프리카공화국이

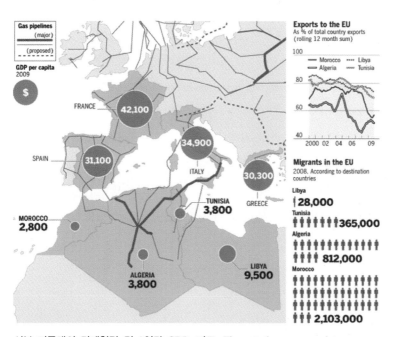

서부 지중해의 경제협력 및 1인당 GDP, 자료: The petroleum economist

며, 그다음은 알제리가 GDP 규모 1,886.81억 달러(2011)로 제2의 경제 대국이다. 알제리는 지난 30년간 국영기업 위주의 중앙계획 경제체제를 운영해왔으나 지금은 상당히 경제 자유화에 진전을 보였다. 그동안의 주요 경제 개혁은 시장기능의 확대, 자원배분의 개선, 관료주의 축소, 경제적 투자유치 강화를 중점으로 추진되어 왔다.

현재 알제리는 외환보유고가 2012년 약 1,900억 달러이고, 반면 대외 채무는 약 40억 달러 규모로 재정은 건전하고 양호하다. 이러한 대외 채무에도 불구하고 천연가스와 석유 수출과 최근의 유가상승으로 무역흑자가 증가했기 때문이다.

경제성장의 엔진인 알제리의 석유 매장량(2011년 9월 기준)은 약 122억 배럴로 전 세계에서 14위를 차지했다. 가스 매장량도 4.5조㎥로 세계 8위의 에너지 부국이다. 1인당 국민소득(GDP)은 8천 달러 안팎으로 북아프리카의 평균 1인당 GDP 1천 달러와 비교해 훨씬 높다. 산업 면에서는 프랑스인이 건설한 근대적 부문과 후진적인 전통적 부문의 격차가 크지만, 독립 이후 프랑스인 소유의 산업은 국영화되어 노동자의 자율적인 관리로 운영되고 있다. 그러나 여전히 전통적 부문과 근대적 부문 간의 이중구조가 형성되어 있다.

실제 경제가 성장하고 있음에도 불구하고, 가르다이아(Ghardaia) 주 등 알제리 남부 지역을 여행하다 보면 실업 및 공공임대주택 대책 마련을 요구하는 시위를 경험하게 된다. 현재 공식적으로 노동가용인구 4명 중 1명꼴로 실업상태에 있는데, 특히 총인구의 65%를 차지하고 있는 30세 미만의 젊은 층의 실업률은 50%에 육박하고 있어 사회문제화 되고 있는 실정이다. 정부는 지난 2005년 이후부터 정부예산 지출을 신속하게 증액하고 이를 통해 경기부양과 줄어들지 않는 실업과 주택공급의 부족문제를 해결하려고 노력해왔다. 2010년까지 인프라 건설에 당초 계획인 600억 달러보다 훨씬 많은 1,000억 달러를 투자할 계획을 천명했으며 1,000억 달러 투자 프로그램은 대부분 사회기반시설, 즉 도로·철도·항만·공항·통신 등이며 아파트나 빌딩·댐 건설이나 수력발전·수로 건설 등에 투입해 일자리 창출을 통해 실업도 해소하고 경제 인프라도 구축하려는 정책을 시행해왔다.

앞서 대외 교역에서 다루었던 것같이 알제리 무역동향(2011년 12월 말 현재)을 살펴보면, 무역 수지는 269.37억 달러로 전년 165.81억 달러 대비 62.40% 증가하였다. 수출은 733.90억 달러로 전년 570.53억 달러 대비 28.63% 증가하였으며, 수입은 464.53억 달러로 전년 404.72억 달러 대비 14.78% 늘어났다. 품목별 수입과 관련, 산업장비가 157.08억 달러로 전체 수입의 33.81%를 점유하였고, 반제품 수입이 104.80억 달러, 식료품이 97.55억 달러, 소비재가 72.70억 달러 순이다.

알제리의 수출에 있어서 원유가 95%로 대부분을 차지하지만, 수입에 있어서는 기계류·식량·금속제품 등 개발원자재와 필수품 등이다. 특별히 식료품 수입은 전년 동기 60.58억 달러에서 97.55억 달러로 61.03%로 크게 증가하였고, 전체 수입 중 점유율도 14.97%에서 21.00%로 증가되었다. 다른 한편으로 수출은 원유가의 상승에 따라 탄화수소 수출이 712.41억 달러로 전년 555.27억 달러 대비 28.30%로 크게 증가하였으며, 전체 수출 중 점유율은 97.07%로 여전히 절대적인 비중을 차지하였다.

지역별·교역국별 무역동향을 살펴보면, 지역별로 EU와의 교역이 차지하는 비중이 가장 높은바, 수입은 242.11억 달러로 전체 수입 중 52.12%였으며, 수출은 362.95억 달러로 전체수출 중 49.45%를 점유하고 있다. 무역대상국은 프랑스·독일·미국·이탈리아·에스파냐 등이다. 프랑스에 존재하는 1백만 명 이상의 재외 알제리인 노동자로부터의 송금도 큰 외화수입원이 되고 있다. OECD 지역은 수입이 60.76억 달러, 수출은 254.99억 달러로 수입은 6.80% 감소한 반면, 수출은 25.75% 증가하였다. 아시아 지역은 수입이 86.77억 달러(전년 대비 4.79% 증가), 수출이 56.30억 달러(전년 대비 37.92% 증가)이다. 아시아 지역에 대한 수입은 전체 수입의 18.68%로 두 번째로 높다. 주요 교역국별 동향(알제리 기준)과 관련, 수출은 미국, 이탈리아, 스페인, 프랑스 순이며, 수입은 프랑스, 이탈리아, 중국, 스페인, 독일, 미국 순으로, 우리나라(대 알제리 수출)는 16.08억 달러로 9위를 차지하였으며, 전년 대비 18.58% 감소되었다.

알제리의 무역 동향

품목	2010년 수입		2010년 수출		2011년 수입			2011년 수출		
	금액($ million)	점유율 (%)	금액	점유율 (%)	금액	점유율 (%)	증감률	금액	점유율 (%)	증감률
식료품	6,058	14.97	315	0.55	9,755	21.00	61.03	356	0.49	13.02
에너지, 윤활유	955	2.36	55,527	97.33	1,097	2.36	14.87	71,241	97.07	28.30
천연제품	1,409	3.48	94	0.17	1,761	3.79	24.98	160	0.22	70.21
반제품	10,098	24.95	1,056	1.85	10,480	22.57	3.78	1,583	2.15	49.91
농업장비	341	0.84	1	-	382	0.82	12.02	-	-	-
산업장비	15,776	38.98	30	0.05	15,708	33.81	-0.43	35	0.05	-
소비재	5,836	14.42	30	0.05	7,270	15.65	24.57	15	0.02	-50.00
계	40,473	100.00	57,053	100.00	46,453	100.00	14.78	73,390	100.00	28.63

자료: 주 알제리 한국대사관(2012)

1. 자원(석유 · 가스 · 광물)

알제리의 여러 곳을 방문하면 다양한 것들로 가득하여 겉으로 볼 때는 개발되지 않은 기회의 땅으로 느껴질 뿐이었다. 실제 공업은 식품 · 화학 · 자동차조립 · 섬유 · 기계 · 정유 등을 전개해왔지만, 원유(4,650만 톤), 석탄(2만 4,000톤) 산업의 수혜가 더 크다. 도시의 팽창에 비해 공업발달은 뒤늦은 편이며, 농산물 가공과 건축재료 · 금속제품 생산이 산업의 근간을 이룬다.

1956년 에제레에서 석유가 발견되었다. 매장량 10억kl, 연산 4,505만t, 송유관을 통해 지중해 연안으로 반출되어 수출된다. 알제리산 석유는 특히 가볍다고 알려져 있다. 또한, 하실멜 부근에서 매장량 1조㎥의 천연가스 자원이 발견되어 이를 이용하는 석유화학공장이 건설되었다. 천연가스는 2003년 기준으로 321만 3천 조 줄을 생산하여 세계시장점유율 5위이다. 1992년 시점에는 천연가스와 석유가 총수출액의 97%에 달하였다. 2003년 시점에도 98%를 유지하고 있다.

최근 수년간 발견된 유전 · 가스전은 과거에 비해 상대적으로 중소규모인바, 이러한 추세는 세계적인 현상이다. 2007년 말 현시점에서의 유전 탐사 · 개발 동향을 고려할 때 소나트라치(국영석유공사)와 AnA.D.arko Petroleum(미국)이 합작개발을 추진 중인 El-Merk 유전이 미래의 유망 대형광구(원유 108천B/일, 콘덴세이트 55천B/일 및 LPG 75천B/일)로 부상할 것으로 전망된다. 두 회사는 현재 Ourhou 유전(230천B/일, 제2위 규모) 및 HBNS 유전(240천B/일)을 개발 중이다.

석유 · 가스의 확인매장량(콘덴세이트 포함)은 약 110억TOE 수준으로, 2000~06년간 개발 부문에 소나트라치, BP, 스타토일, 렙솔(Repsol) 등을 중심으로 약 250억 달러(외국기업 140억 달러) 투자하였다. 2006년은 수출액의 98%가 석유·가스로 에너지 부문 의존도가 매우 높고, 유전개발사업·정유시설·석유화학공업 등 플랜트 사업의 수요도 증가하였다.

알제리에서 석유·가스의 경우와 마찬가지로 금·은·철·텅스텐·우라늄·다이아몬드 등 생산되는 대부분의 광물이 사하라 지역에 분포하고 있다. 대리석·철광석·오닉스 등 극히 일부 광종만이 북부 지역에서도 함께 채굴 가능하다. 최근 수년간 중국·호주·인도 등 외국기업의 알제리 광물자원 개발을 위한 투자가 크게 확대되고 있다. 광물 생산은 2000~2006년 연평균 10% 수준 증가하였으며, 금·철·인광석 및 골재가 생산 증가세를 주도하였다. 동 기간 1,000여 개 중소기업이 광산개발 사업에 신규 참여하여, 2006년 말 기준 460억 DA(657백만 달러)의 매출 총액(Chiffre d'Affaires)을 기록하였다. 이 외 금속자원으로는 300톤(세계시장점유율 동률 3위)을 채굴하는 수은이 특징적이고, 납(鉛)도 생산된다. 현재 인광석·철광석의 매장량도 많으나 여전히 개발되지 않은 채 남아 있다.

2. 농업

사막은 주변이 온통 덥고 황량한 풍경이지만, 뜨거운 태양빛 사이로 식물공장들이 즐비하게 될 것이다. 실제 현지에서 농업 진흥을 위해 개발 중에 있는 식물 컨테이너공장이 그렇다. 문을 열고 들어가면 서늘한 찬바람이 훅 하고 목을 감싸 안는다. 북아프리카 지역은 농지보다 사막이 많기 때문에 개발이 어려운 곳이기도 하다. 그러나 사막과 같은 환경에서 식물을 재배할 수 있는 식물 컨테이너 공장기술로 현지개발하고 있는 것이다.

또한, 대부분의 북아프리카 지역은 건기에 가뭄이 심하기 때문에, 관개용수를 자주 집중적으로 공급해주어야만 경작이 가능하다. 농업·목축·임업은 취업인구의 60% 이상이 종사하고 있지만 경지면적이 적어 그 수확량은 낮다. 주요 재배작물은 밀·보리·콩·감자·토마토·오렌지·포도·감귤·수박·채소·밀·딸기·올리브이며 오아시스에서는 대추야자가 재배된다. 낙농이 장려되고 있고 양과 염소 사육이 활발하다.

알제리는 북부 지역의 지중해변에 총 2.4백만sq㎞의 경작지를 보유해 아프리카에서 제2의 경작 면적을 보유하고 있는 잠재 농업국이기도 하다. 경작가능면적은 국토면적의 3.4%에 불과한 8.2백만㏊이며 경작가능면적의 18.5%만 현재 경작 중이다. 알제리의 식량 자급률은 55%이며 나머지 45% 식량은 수입에 의존하고 있는 실정이다. 경작지의 1/3은 국가소유지이나 민간 분야에서 관리되고 있다. 더욱이 도시 집중화 현상의 증가로 대도시권의 경작지가 상업 및 거주용도로 변경되고 있어 경작지가 빠르게 사라지고 있다.

정부는 농업생산량을 증가시키기 위해 2001년 7월부터 농업개발 계획(PNDA, National Agricultural Development Plan)을 수립, 시행해왔다. PNDA는 관개시설에 대한 투자 등의 규정을 통해 농업생산량을 증가시키고 있다. 1990년에는 전체 GDP 생산의 10%의 구성비를 이뤘고, 전체 고용 인력의 1/4이 농업 부문에 종사하였다. 그러나 부족한 식량으로 인해 점진적으로 농업 부문의 시장을 개방하게 되어, 1994년 이래 알제리 정부는 식량 자급자족 정책에서 시장개방을 통한 식량수입의존정책으로 전환해 시행해오고 있다. 현재 알제리는 미국·캐나다·프랑스로부터 매년 약 10억 달러의 곡물류를 수입하고 있다.

그럼에도 불구하고 1987년까지 국가소유였던 경작지의 60%가 현재는 민간에 불하되어 분배되었으나 대부분의 농민에게 은행여신이 활성화되지 못해 경작을 위한 자금부족을 겪고 있다. 그래서 최근 알제리 정부는 효율적인 토지등기제도 도입을 통해 완전한 사유농지제 도입을 추진하고 있다. 이는 그간 IMF에서 알제리 정부에 전체 농지의 민간소유권 이전을 요구해왔기 때문이다.

최근 정부는 농업 진흥을 위해 농가에 대한 자금지원을 시행하여 부채상환 연기와 재배 농산물의 판매를 위한 네트워크 확충을 도모하고 있다. 이는 BADR은행이 농업개발 자금을 마련하고 자금대여 회사를 신설해 농가를 지원하는 형태로 운영되고 있다.

그 밖의 에너지를 제외한 기타 품목 중 수출시장에서의 최대 제품은 사하라 오아시스 지역에서 재배되는 알제리산 대추야자(Fresh dates)이다. 경작면적은 72천ha에 7.5백만 그루의 야자나무에서 생산되고 있다. 또한, 매년 수확량이 유동적이지만 연간 평균 150,000hl를 생산 중인 올리브 오일은 계속해서 200여 개의 오일생산 공장을 증설하고 있다. 이로써 10만ha의 올리브 생산지를 복구, 확충하여 총 26만 2천ha까지 올리브 경작지를 조성하는 것을 목표로 하고 있다.

3. 수산업

지중해 해안의 알제리에서 생선요리를 즐기고 싶은 것이 여행자들의 생각이다. 그러나 생선의 종류가 다양하지 않고 바닷가에서 외식은 상당히 비싸고 맛은 그리 좋지 못하다. 생선요리를 주요리로 내놓지만, 한국에 비해 아직도 수산업이 많이 개발되지 못했기 때문이다. 수산 분야의 경우, 생산규모는 아프리카에서 알제리가 가장 크지만, 생산의 질적인 면에서는 튀니지가 가장 높다. 그러나 수산물 산지 인프라와 생산수단(어선, 어구), 양식 산업의 발전 정도 등에서 매우 낙후되어 있기 때문에 투자 잠재력을 지니고 있다.

해안선 총연장 1,200㎞에 해양조업 가능면적 950만ha를 보유한 유리한 자연조건에서 2000년대 중반부터 수산업 진흥은 식량자급을 지향하는 알제리 정부에 중요한 전략과제의 하나로 자리 잡고 있다. 2000년대 초 현재 알제리에는 30개가 넘는 어업 항구(어업 전용 항구, 어선대피소, 다목적 항구 등 포함)가 있으며, 2,700척에 달하는 어선, 2만 8,225명의 어업종사자에 간접 종사자를 포함하면, 11만 2,900명이다.

4. 식품산업

1) 곡물생산

북아프리카 마그레브 지방을 여행하면서 자주 먹을 수 있는 것이 밀을 쪄서 만드는 북아프리카 전통음식인 쿠스쿠스이다. 그들이 전통적인 주식으로 먹고 흔히 쉽게 만들 수 있다. 튀니지·리비아에서는 고기와 당근, 감자 등과 함께 쪄서 곁들여 먹는다. 푸딩이나 파스타를 만드는 데 이용되는 거칠고 단단한 밀을 으깬 세몰리나에 고운 밀가루를 입힌 식품이다. 버터·설탕·견과류 등과 곁들여 이집트에서는 디저트 용도로 사용한다. 파스타도 주식이며 식품 소비의 30%를 차지하지만, 파스타에 비해 탄수화물이 적고 비타민과 단백질이 풍부하며 쌀과 파스타에 비해 칼로리가 훨씬 낮다. 고기요리나 채소요리에 곁들여 샐러드에 넣어 먹는 등 어떤 요리와도 잘 어울리기도 하다. 기타 유럽에서 스페인·프랑스·카나리아제도·이탈리아 등지에서도 먹는다.

곡류 기반 식품에의 수요충족을 위해 다수 민간 기업들이 파스타·쿠스쿠스·세몰리나·밀가루 등을 생산한다. 현재 ERIA.D. Algérie는 밀을 기초로 하여 세몰리나·밀가루·파스타·쿠스쿠스 등의 식품을 생산하는 유일한 국영기업이다. ERIA.D.는 1970년대에 설립되었지만 아직도 사회주의적인 경영에 기반하고 있는 까닭에 시장의 혁신에 비하여 뒤떨어진 상태이며 치열한 경쟁 속에서 어려움을 겪고 있다.

극심한 경쟁에도 불구하고 몇몇 민간 기업들은 양질의 제품과 경쟁력 있는 가격을 제공함으로써 시장을 지배하고 있다. 이러한 성공적인 기업의 예로 동부 지역 전체의 수요를 충족시키는 LIANA와 전국에 걸쳐 제품을 공급하는 SIM(Semoulerie Industrielle de la Métidja)을 들 수 있다. LIANA의 1일 생산량은 600천kg이며, 이 중 300천kg은 거친 밀이고 나머지 300천kg은 부드러운 밀이다. LIANA는 시장의 약 8%를 점유하고 있는데 이 분야에 종사하는 기업 수를 고려할 때 훌륭한 성과라고 할 수 있다. 이외에도, Hanaoui Groupe,

Blanky Groupe과 같이 이 부분에서 중요한 위치를 차지하는 업체들이 많이 있다.

2) 설탕 · 식용유 · 버터제조 산업

(vegetable oil, butter, margarine manufacturing)

알제리는 가는 곳마다 커피를 주문하면 손쉽게 사발그릇에 담긴 설탕과 커피를 즐길 수 있다. 이들 국민은 달콤한 커피를 좋아한다. 이처럼 설탕은 연간 약 100만 톤 이상을 소비한다. 설탕생산 부문에서 매일 1,600톤을 정제(연간 560,000톤)하는 Cevital s.p.a가 지배적이다. Cevital s.p.a는 국영 설탕생산업체인 ENASUCRE와 함께 시장의 거의 50%를 점유하고 있으며 이 부문의 생산은 정제 및 포장까지 하고 있다.

1997년까지 유일한 국영기업인 ENCG가 식품 산업에 이용되는 지방 제품과 기름을 독점해왔다. 1983년에 설립된 ENCG는 채유 해바라기 기름, 마가린, 버터 등 여러 가지 종류의 지방 제품 생산을 전문으로 해왔다. 또한, 팜오일(palm oil)로 만든 비누 산업은 틈새 시장을 공략하고 있다.

시장 개방으로 민간 기업들이 이 분야의 시장에 진입했는데 현재 강력한 기반을 다지고, 이를 유지하고 있는 업체가 Cevital s.p.a이다. 이 회사는 쌀 · 설탕 · 옥수수를 포함해, 식용유 등 지방 제품 생산을 시작한 최초의 민간 업체이며, 이 관련 시장에서 Cevital s.p.a의 60%, ENCG는 거의 40%를 담당하며 나머지 2% 정도는 기타 민간 업체로 구성된다.

3) 음료·생수제조 산업

강렬한 햇빛이 가득한 북아프리카를 여행하는 관광객은 자신에게 맞는 물과 음료를 선택하는 것이 매우 중요하다. 우리가 국내에서 쉽게 마셨던 탄산음료보다도 알제리 전통 탄산음료로 어디서나 쉽게 접할 수 있으며 그들이 정말 자랑스럽게 내놓는다.

현재 알제리의 음료생산 분야에서 활동을 개시한 최초의 민간업체는 1921년 설립된 함무드(Hamoud Boualem, 환타류)이다. 함무드는 탄산음료 시장에서 치열한 경쟁을 하고 있다. 세계적으로 유명한 코카콜라, 펩시 등과 같은 다국적기업이 들어오고, 대기업의 마케팅에도 불구하고 시장을 지배 중이다. 현재 중간규모 이상의 생산용량을 가진 음료공장이 60여 개 사에 달하며 함무드에 이어 NCA(Nouvelle Conserverie Algéri enne)와 코카콜라가 그 뒤를 잇고 있다.

생수는 2011년 이후 전체 수량의 11% 성장과 18% 가치의 두 자릿수 성장 기록을 지속했다. 이프리(Ibrahim & Fils Infra)는 off-trade 판매가치의 26% 점유율(2011)을 창출하면서 생수시장의 선두로 남아 있다. 이프리 브랜드의 국내 제조업체는 점차 적용기간을 거쳐 시장점유율을 확보했다. 모든 유통채널과 대부분 on-trade 채널을 통해 설립된 다른 PET형식에 따라 미네랄 천연 생수를 제공해왔다. 이프리는 경제 브랜드로 인식되고 모든 소비자 그룹에 의해 구매된다. 본래 이프리는 가장 널리 알려진 생수회사 중 하나이다. 그중 민트향 소다수는 보통 소다수가 아니라 일반 사이다에 녹색으로 착색된 민트향 시럽을 섞어 만들기도 한다.

4) 포장 부문

일반적으로 하이퍼마켓(hyper-market)에 한번 들어서면, 과자나 음료수는 조금은 허접해 보이는 포장지로 싸여 있다. 대부분 유럽시장이나 대형마트에서 파는 스낵포장처럼 고급스러운 디자인과 색감 있는 포장지가 아니다. 실제로 그 속의 품질도 차이가 있을 것 같은 느낌을 받지만 품질은 나쁘지 않다.

알제리의 대표적 포장지 제조업체 Emballage는 1988년부터 설립되어 전국 소요량의 60%(2010)를 생산 중이다. 현재 알제리는 식품산업의 발전과 아울러 포장기계 설비에 대한 수요 역시 활발한 실정이다. 식품의 포장에 종사하는 민간 기업이 다수 있고 포장에만 전적으로 종사하는 국영기업이 없는 상황에서 Tonic Emballage가 대표적인 기업이다. 이 부문에서는 다수의 민간 기업이 참여하고 있지만 Tonic Emballage가 60% 이상의 시장을 점유 중이다. 그러나 수요가 지속적으로 증가하고 있기 때문에 이 분야에는 아직도 개척의 여지가 있다는 것이 중론이다.

포장기계 및 기자재는 식음료 및 소비재의 자체생산 및 수요 증가와 석유화학 산업 투자 확대로 각종 플라스틱 및 화학제품 생산증가로 관련 기자재 수요는 확대되고 있다. Tonic사는 알제리에 확고한 신념을 갖고 큰 투자를 한다. 기본적으로 개인 소유의 알제리 회사 Tonic EMBALLAGE는 1억 5천만 유로의 원가를 계산해보면, 광범위한 프로젝트의 제지산업이 큰 도약을 하고 있다. 이에 따라 현대화된 펄프 라인으로 단장한 화이트 상판기계를 도입했고, 새로운 티슈와 기계설비로 교체된 공장이다.

5. 자동차

알제리 자동차 시장은 마그레브 지역에서는 가장 크고 아프리카 전체에서는 남아프리카공화국에 이어 두 번째로 큰 시장인 알제리가 아프리카 대륙에서 가장 큰 시장이 될 것으로 자동차 전문가들은 전망한다.

알제리도 유럽의 도로처럼 도로가 좁고, 주차공간이 부족하다. 자동차 세금과 비싼 가격 때문에 유럽 사람과 비슷하게 대부분 국민들이 경차를 선호하는 경향이 있다. 차량 구매 시 모든 차량에는 유럽에 비해 조금 낮은 17%의 부가세를 낸다. 차량 배기량이 1,800cc 이하의 차량은 15% 세금이 부과되지만, 1,800cc를 초과하는 차량은 30%, 2,000cc를 초과하는 차량은 20%의 특소세가 부과되기 때문이다.

버스나 택시가 알제리에서는 도시 간 또는 도시 내에서 이동하기에 가장 일반적인 방법이다. 누구나 알제리의 큰 도시로 이동할 수 있다. 여행자가 작은 도시나 지방의 마을에 가는 경우, 가장 가까운 큰 도시로 이동한 후에 최종 목적지까지 교통편을 찾을 수 있다. 일반적으로 각 도시는 버스마다의 일정표를 가지고 있기 때문에, 가능한 버스가 없다면 택시로 전환하기 쉽게 되어 있어서 버스 역 근처에 택시 정류장이 있다. 하지만 택시는 주말(특히 목요일)에 거의 하루 종일(선착순으로 먼저 도착) 사용할 수 있기 때문에, 많은 사람들이 그렇게 혼잡할 것으로 예상하면 일찍 출발하려 계획해야 한다. 도시 간의 택시는 노란색이지만, 도시 안에서 그들은 택시 표시(주로 아랍어 또는 프랑스어 또는 둘 모두에 사용)를 해서 일반 자동차가 택시가 될 수 있다. 모든 요금을 현금으로 지불할 것으로 예상해야 한다. 만성적인 적자를 보이는 국영트럭 및 버스제조사인 Société nationale des véhicules industrielles(SNVI)사는 생산능력을 확대하기 위해 구조조정 중이다. 동 사는 가동률이 40%에 불과한데 동 사를 현대화시키는 데 필요한 비용은 250백만 달러가 소요될 것으로 분석되고 있다.

2005년 9월 중고차 전면 수입금지로 신차 수입시장 규모는 교체 및 신규수요로 지속 성장하였다. 2006년 14만 대(2005년 약 20만 대)의 차량을 수입하였다. 프랑스(르노 알제리)가 2006년 약 27천 대, 시장점유율 18.6%로 알제리 자동차 시장 1위이고 2005년 실적을 보면 한국(33%), 프랑스(32%), 일본(26%) 순이었다.

현재 알제리는 자동차 산업 육성을 위해 정부 차원에서 많은 노력을 기울이고 있다. 2011년 알제리는 프랑스 Renault사와 자동차 합작공장 설립 협상을 진행하였으나, Renault는 최종적으로 튀니지를 선택하였다. 알제리 정부는 독일 Volkswagen사에도 사업제안서를 제출하였으나, 아무런 결과도 도출되지 못한 상태이다. 하지만 2012년 Renault가 다시 한번 알제리에 공장을 설립하려고 시도 협상하였으나 9월 내각이 교체되면서 결렬되었다. 양측은 대부분의 조건에 합의를 하였으나 Renault 측이 협상 불가능한 조건으로 5년간의 특별권으로 타 자동차 회사들의 알제리 공장 설립 불가를 주장하면서 양측의 협상 체결은 시간이 필요하다.

알제리는 자동차 부품 하청생산에도 국가적으로 관심을 가지고 있다. 하지만 2012년 현재 알제리 내에서 자동차 관련 중소 하청업체는 300개에 불과하며, 생산력 또한 초기단계에 불과하다. 자동차 부품 산업은 연간 5억 달러의 단일품목으로는 최대시장으로 지속적으로 증가하는 차량보유 대수로 소모품 등 자동차부품 시장규모는 날로 확대 중이며, 한국산 자동차의 시장점유율이 20% 선을 유지하고 있어 부품 관련 수요는 지속 유지되고 있다.

6. 건설 및 장비 · 시멘트

알제리는 자원 강국으로 유럽발 금융위기의 영향을 덜 받았고, 북아프리카 주요 국가가 한창 개발 단계에 있기 때문에 새로운 시장으로 도시가 집중되고 있다. 2002년부터 알제리는 원유수출로 벌어들인 부를 신도시 개발에 투자하고 있다. 그래서 한국건설업체도 건설 수주를 받아 부그줄 신도시 건설에 참여하고 있다. 한국기업들이 처음 진출한 나라에는 제일 먼저 아시아마트와 한국 식당들이 생겨나듯이, 이제는 알제리에 대우건설, 삼성엔지니어링, 경남기업 등 건설기업들의 각축장이 되어버렸다.

현재 알제리는 주택공급 부족으로 인해 당면한 중장기적 주택건설이 가장 호황 중에 있다. 알제리에는 공공임대주택(public social rental housing)의 수요가 많으나 주택공급이 시장수요에 채워지지 못하고 있다. 알제리는 전체 면적은 크지만, 대부분이 사막으로 도시 내 거주인구로 볼 때는, 1가구당 거주인원이 7명으로 밀도가 가장 높은 나라 중의 하나이기도 하다. 향후 수년간 주택부족현상을 해소하기 위해서 매년 175,000호의 신규주택 공급이 필요하며, 기존 건물도 낡은 상태가 많아 재건축이 필요하다.

최근 유가 상승은 원유수출대금의 증가를 가져오고 알제리는 1,800억 달러에 달하는 외환보유고의 증가로 이를 SOC · 신도시 등

국책사업에 적극 투자해왔다. 동시에 국내외 민간투자나 유럽계 금융기관과 일본 등으로부터 지원받는 공적 원조의 자본유입이 대규모 FDI로 이어지고 있다.

2025년 목표하의 장기계획 SNAT(Schema National d'Amenagement du Territoire)와 실행계획인 국가개발 5개년 계획(Programme Quinqueanal) 수립을 체계화하여 효율적인 국토 인프라 형성 중에 있는데 2005~2009년 제1차 국가개발계획에 1,200억 달러를 투자했으며, 2010~2014년 제2차 국가개발계획에 1,500억 달러 규모로 진행 중이다. 증가하는 주택수요에 맞추기 위해 2004~2009년 100만 호를 건설하였고 2010~2014년에 추가로 100만 호를 건설 중에 있다. 이러한 경제개발 5개년(2005~2009) 계획의 일환으로 인프라 분야도 프로젝트 발주로 인해서 건설장비 및 기자재 분야의 신규 수요가 증가했다. 최근 연간 15억 달러에 달하는 건설장비 시장은 댐·고속도로·발전소·정유화학시설 등 프로젝트가 지속해서 발주가 증가되고 있는 상황이다.

알제리 주택 등 건설시장의 성장 가능성이 커지면서, 중동 지역의 최대 시멘트제조업체인 이집트(OCI, Orascom Construction Industries)사가 알제리에 현지투자를 통해 진출했다. 현지 합작 파트너와 공동으로 Algerian Cement Company(ACC)사를 설립해 지난 2004년 4월 수도 알제 남서쪽으로 240㎞ 지역에 M'Sila 시멘트생산공장을 건설해 가동해왔다. 연간 550,000톤의 시멘트를 생산하고 있는데 내부 마감재로 사용되는 시멘트가 주요 생산품목이다.

알제리 정부는 지난 2001년 이래 12개의 국영시멘트회사의 매각을 추진 중이나 뚜렷한 성과는 없다. 동 국영 시멘트사들의 생산능력은 연산 1,100만 톤이나 장기간 설비투자와 보수 유지가 이루어지지 못해 실제 생산은 800만 톤에 머물고 있는 실정이다. 2005년 7월 사우디아라비아의 Pharaon Commercial Investment Corporation사가 Beni Saf plant of Le Groupe de Ciments de l'Ouest사의 지분 35%를 취득해 연산능력을 100만 톤으로 증설시키는 프로젝트를 진행 중이다.

석회암지대는 시멘트산업의 주요 요소가 되지만, 이러한 석고질 토양은 칼슘과 유황으로 구성된 화합물을 가진 토양이며 지하수의 증발과 지하수에 용존해 있던 칼슘의 침전에 의해 생성된다. 석고질 토양은 석고 함량이 5~10% 이상일 때, 식물의 성장을 억제하는 원인도 된다. 토양단면에 뿌리의 신장을 억제하는 견고한 층(Gypsic horizon)을 만들며, 석회질의 적당한 칼슘은 양분이 되나, 과다한 칼슘은 토양 중 인산의 유효도를 감소시키는 한편, 작물의 마그네슘(Mg), 가리(K) 흡수를 감소시킨다. 알제리는 석회화 작용에 의한 석고질 토양(Gypsiferous soil)이 12.2%를 차지하고 있으며, 대부분 사하라 지역에 분포하고 있다고 알려져 있다. 이는 석회암 토양은 시멘트제조업에 중요한 역할을 하기 때문이다.

7. 섬유산업

알제리의 길거리를 걷다 보면, 지나가는 남녀들은 서구패션과 무슬림 복장이 뒤섞여 있다. 알제리의 섬유산업(Textile Industry)은 1980년대 이후 침체와 위기를 반복하다가, 2003년 말까지 섬유산업 분야의 누적 적자액이 146억 디나르(약 2억 달러)에 달했다. 국영기업이 주로 담당하고 있는 섬유산업 침체의 타개책으로 현재까지 67%의 인원감축 시행, 전체 봉제 공장의 2/3인 100여 개의 공장 폐쇄 및 민간 기업에 매각 등 활발한 구조조정이 진행되었다. 그동안 알제리산 섬유제품은 소비자의 기호에 부합하지 못하는 제품공급과 가격 및 품질 경쟁력 열위, 유행에 뒤떨어지는 패션 등 전반적 수출 경쟁력 상실로 모로코·튀니지 등 인근 마그레브국과의 경쟁에서 밀려 섬유산업 설비 가동률이 35% 미만에 머물러 왔다.

알제리는 섬유원단(fabrics & yarns) 및 부자재를 전량 수입에 의존하여 왔는데 연간 수입 규모는 80억 디나르(약 1억 천만 달러)에 달하며 현재 알제리의 섬유업계는 그간의 내외부의 시장여건 변화와 구조조정을 통해 경쟁력 있는 제품생산을 할 수 있고 지속적인 투자 여력이 있는 50여 개 미만의 업체만이 가동되고 있다. 이처럼 알제리 국영섬유산업은 Textile Manufacturing Cotton Group(TEXMACO)으로 대표되고 있는데 동 그룹은 섬유산업 모든 분야(cotton, wool, silk, industrial and synthetic fabrics)에 걸쳐 57개의 자회사(subsidiaries)를 거느리며 알제리 섬유산업을 주도하고 있다. 기초섬유산업 분야는 니트류(knitting)와 레깅스류(hosiery) 분야의 10여 개 미만의 중소형 생산 공장이 남아 가동되고 있는 실정으로 생활의류(daily cloths), 전문의류(professional garments), 가구품목(furniture items), 셔츠제작(shirt making), 니트와 레깅스류(hosiery and knitting items)가 집중 생산된다.

알제리의 섬유류 수입은 주로 가격경쟁력이 월등한 유럽(터키)과 아시아(중국산)가 시장을 석권하고 있는데 알제리 바이어들은 섬유제품 수입 시 제품의 질보다는 가격을 중요시하며 섬유산업이 침체에 빠져 있지만 아직도 여전히 수요는 상존하고 있으며 섬유류에 대한 수입 관세는 30%이며 17%의 부가세가 부과된다.

8. IT산업

아프리카는 넓은 지형에 비해 인구밀도는 낮기 때문에, 한 개 통신 장비로 보다 광범위한 지역의 통신신호를 커버할 수 있는 슈퍼 WiFi 등 첨단 통신장비 기술이 필요한 상황이다. 그러나 1990년대의 장기내전 상황과 2003년 5월 발생한 대지진으로 인한 통신망 훼손은 알제리 정보통신산업 발전에 커다란 악영향을 미쳤다. 알제리 정보통신산업은 열악한 인프라 시설투자, 정보지식 확산이 부족하고, 정세불안과 생산기반 등 성장여건을 마련하지 못했다. 그 결과 알제리 IT산업은 발전도입 단계에 있으나, 개도국들 수준에 비해 매우 낙후되고, 통신망의 25% 정도가 도시에 집중되고 컴퓨터의 활용도 도심 및 공공 분야에 한정되었다.

주변 마그레브 국가들에 비해서 알제리가 원유로 빠른 경제성장을 이룩했음에도 불구하고, IT 발전이 매우 느렸다. 알제리의 PC 및 인터넷 보급률은 각각 20%, 10%로 열악한 수준이었다. IT 부문에서 낙후성의 배경은 무엇보다도 투자부족으로 인한, IT 인력의 부족과 뒤늦은 정부 대책 때문이었다.

그러나 최근 들어 아랍의 봄과 통신서비스에 대한 수요가 빠르게 늘어나서, IT산업이 알제리의 새로운 성장 섹터로 등장하고 있다. 알제리 IT 시장수요는 오일머니를 바탕으로 정보통신 현대화 사업에 집중되고 있다. 공공 부문의 민간 전산화 추진과 통신망 확충 및 현대화를 위해 선진국 사업자들의 투자유치에도 주력하고 있다.

알제리 정부는 2010~2014년 동안 총 1,500억 디나르(약 20억 달러)를 투자하여 초·중등학교에 전산교육장비 보급으로 500억 디나르(약 7억 달러)를 지원하고, 나머지 1천억 디나르(약 13.5억 달러)를 투자하여 전자정부 실현에 노력하고 있다. 이에 따라 국민·기업·행정기관들을 위해 2013 e-알제리 정책안에서 약 400개의 인터넷 서비스가 제공되고 있다. 정부는 통신 분야의 현대화를 강력히 추진하고 있다. 통신부는 스웨덴 에릭슨사와 합작으로 광섬유와 디지털 시스템을 설치했다. 한국의 대우와 통신케이블의 공급 및 광섬유기술 이전도 했다. 통신 서비스는 정부가 독점하고 있으나, 통신장비 생산·수입·유통은 허용하고 있다. 체신부 허가로 도시에서 DHL·UPS·EMS 같은 소화물 서비스도 가능하다.

1) 이동전화

알제리에서는 한국산 IT 제품에 대한 이미지가 매우 좋다. 과거 2006년 말 기준 A.D.SL 가입자 34천 명, 인터넷 사용자 3백만 명, 이동통신 가입자 21백만 명, 유선전화 가입자 3천만 명, 2006년 한국산(삼성, LG) 시장점유율 3위(19.5백만 달러)를 차지했다. 그 당시 시장점유율 선두인 Nokia 등 다국적기업 생산기지 이전으로 중국산·헝가리산 제품이 50% 이상으로 시장을 주도했다.

알제리의 휴대폰 인구가 급격한 성장세를 기록하였으며, 스마트폰은 유럽과 마찬가지로 Wifi가 설치된 지역에서는 인터넷이 사용가능하다. 2000년 당시 휴대폰 가입 인구가 9만 명에서 2008년에는 2,700만 명을 넘었다. 2003년에 알제리의 휴대폰 보급률은 10% 선으로 이웃 국가인 튀니지나 모로코(30~40%)에 비해 크게 뒤처져 있는 상황이었으나, 그 이후 마그레브 지역에서 알제리의 휴대폰 보급 속도는 가장 빠르게 진행되어 2008년에는 86%를 상회했다. 알제리의 휴대폰 사용 인구는 모로코를 추월하여 이집트와 비슷한 수준을 기록하였다. 기존의 낙후된 유선 전화망에 대한 대체수요가 휴대폰으로 집중되어 급성장했다. 실제 2005년에는 유선전화(AT사 독점) 신청자 중 50만 명이 대기상태에 있었고, 대기기간은 평균 7년이나 소요되는 등 유선시장이 크게 낙후되었기 때문이다.

알제리 이동통신 시장의 급팽창은 제3의 사업자까지 선정하여 경쟁시켰기 때문이다. 2001년 7월 Orascom Telecom사(이집트)에 제2의 이동통신(GSM) 사업면허를 부여한 데 이어, 2003년 말에는 중동 지역의 메이저 통신업체인 쿠웨이트의 Wataniya사에 제3의 이동

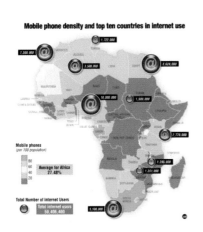

Mobile phone density and top ten countries in internet use

상위 10개국의 휴대폰 비중과 인터넷의 이용률

통신 사업면허(2004년 8월부터 서비스 개시)를 부여했다. 업체별 가입자 경쟁현황(2011년 2분기 기준)을 보면, Orascom사가 1,596만 명으로 43.4%의 시장점유율을 확보한 상태이며, 그다음으로는 알제리국영통신공사(AT)가 34.8%(1,279만 명), Wataniya사가 21.9%(805만 명)의 시장점유율을 기록했다.

2) 인터넷

인터넷 사용 열기도 확산되고 있다. 알제리의 인터넷 시장은 발전 초기 단계에 있지만 1998년 시장이 개방되면서 수요가 폭발적으로 늘어나고 있다. 2000년 당시 5만 명에 불과했던 인터넷 사용인구가 2004년에는 85만 명으로 늘어나 불과 4년 만에 무려 7배나 증가했다. 2011년 기준으로는 600만 명이 사용하고 있는 것으로 추정된다.

알제리에서 휴대폰 개발이 저조한 이면에는 알제리 텔레콤(Algerie Telecom)의 인터넷 독점이 있다. 알제리 텔레콤에 개발권한을 부여하고 있기 때문에 민간 기업들은 광케이블의 국가네트워크망의 자유화를 요구하고 있다.

인터넷의 발전 정도를 나타내는 인터넷 호스트의 수도 1999년 220개에서 2004년에는 944개로 늘어났다. 인터넷 호스트가 늘어났다는 것은 상호 연결될 수 있는 컴퓨터의 수가 많아 졌다는 것을 의미하는 것으로 그만큼 인터넷에 대한 접근성이 높아졌음을 의미한다. 인터넷 확산에 따른 서비스 공급업체(ISP, Internet Service Providers)도 빠르게 늘어나고 있다. 2000년만 해도 10개 미만에 불과했던 인터넷 서비스 공급업체 수가 2004년에는 35개 사로, 2009년 말에는 73개로 늘어났다.

아프리카에서 다른 어떤 국가보다도 인터넷 산업발전에 주력하고 있는 알제리 정부는 광통신망 구축을 통해 현재의 다이얼 업(dial-up) 방식의 인터넷 접속방식을 초고속 통신망(broA.D.band) 방식으로 전환하여 이미 주요 도시 지역에서는 초고속 통신망 서비스가 제공되고 있다. 그러나 세계에서 가장 비싼 인터넷 요금과 통신상태가 낮은 인터넷 환경 등이 문제시되고 있다.

국제 인터넷 서비스 제공자와 동일한 알제리 통신규정에 의해 부과된 서비스의 가격은 거의 5배 수준이다. 프랑스 텔레콤(France Telecom)이나 영국의 텔레콤은 120-140.000ZDZ에 해당하는 12-14.000유로에 대해 동일한 서비스를 제공하지만, 알제리는 720.000ZDZ에 해당하는 72.000유로이다. ALGERIE 텔레콤은 비정상적인 독점으로 손실을 보면서 인터넷을 판매한다. AT사는 수도 알제 시를 비롯한 일부 도시 지역에서 2003년 11월 ADSL 서비스를 개시하였으며, 초고속 인터넷 서비스의 대중화(2013년까지 가입자 600만 명 목표)를 위해 주요 지역에 ADSL 30만 회선 구축계획을 수립한 상태이다.

아직까지 알제리의 가구당 인터넷 보급률은 10%로 주변의 이집트나 모로코에 미치지 못하며, PC 보급률 역시 20%로 다른 개도국에 비해서도 크게 낮은 형편이다. 알제리의 인터넷 사용자는 주로 대도시 지역(Algiers, Oran, Constantine)의 기업 및 관공서이며, 주된 용도는 전자 우편 또는 정보자료 검색이다. 알제리의 인터넷 보급률이 저조한 주된 요인은 국민소득 대비 높은 가입비와 컴퓨터 구입비용 때문이다.

하지만 알제리는 초고속 인터넷 분야에서 새로운 신흥시장으로 발돋움하고 있어 관련 장비 의 수요 확대가 예상되고 있다. 다만 낮은 컴퓨터 보급률과 국민소득 대비 높은 통신요금 등을 감안할 때 본격적인 확산에는 적지 않은 시일이 소요될 것으로 보인다. 그 밖에 보안제품도 보안의 생활화로 CC-TV 등 보안기기의 수요는 지속되고 건설경기 호황으로 신규 건축 빌딩에 대한 보안기기 설치가 증가되고 있다.

9. 의약·의료용품 제조

1882년 마르크스는 엥겔스와 주치의 권고에 따라 질병 치료와 요양을 위해 알제리에서 몇 개월을 보냈다고 한다. 실제로 많은 유럽인들이 요양치료를 위해 알제리로 오고 있다. 알제리는 의료서비스의 제공이 확대되고 있으며 민간의료 분야가 발달하여 민간요법과 병원시설의 현대화로 상당한 규모의 의료기기 시장을 확보하고 있기도 하다. 그러나 지난 몇 년간 알제리 국내외 제약회사에서 생산하는 의약품 국내 생산은 증가하였으나 전문의약품들은 여전히 정기적으로 부족현상을 겪는다. 알제리 정부는 일반 의약품의 국내 생산을 장려하지만 현재 알제리 시장에 유통되는 의약품의 70%는 수입되고 있다. 알제리 정부가 강조하는 분야 중 하나가 보건과 그 기반시설, 서비스 및 설비이다.

SAIDAL 그룹은 유일한 국영 의약품 제조업체이며, 국내 생산의 85%를 차지한다. 현대화 및 개발 계획을 통해 2013년까지 두 배의 생산량 증가 목표를 가지고 있으며 2013년 시장점유율이 총 35~40%에 도달할 것으로 보인다. 이 그룹은 세 개의 자회사 PHARMAL, BIOTIC 및 NTIBIOTICAL을 두고 있다. 전국적으로 민간 및 공공회사가 약 44개의 생산 공장을 보유하고 있고 15%의 생산은 민간 제조업체에서 담당한다.

2012년 2월 알제리 보건부장관에 따르면 알제리는 2014년까지 의약품의 70%를 국내생산으로 충당하는 것이 목표이다. 알제리는 2011년 의약품 수입에 25억 달러를 지출하였으며, 이 수입 비용을 줄이고 2014년까지 일반 의약품의 생산과 소비의 70%를 국내생산으로 충당하는 것을 일차적인 목표로 삼고 있다. 현재 알제리 의약품 시장에는 요르단, 사우디아라비아를 비롯한 아랍 국가들의 참여가 활발하다. 특히, 요르단의 'Hikma Pharma'의 약진이 두드러진다. 90년대에 알제리에 진출한 Hikma Pharma 그룹은 2000년대부터 알제의 스타우엘리(Staoueli)에 첫 공장을 건설했다. 2012년 현재 Hikma는 알제리에서 판매되는 5,683가지의 약품들 중 912개를 취급하고 있다.

의료기기는 경제개발계획 중 총 15억 달러의 의료기기 교체 및 설비 도입에 배정되기도 했었다. 수입의존율이 90%, 정부의 국민의료수준 향상을 목표로 대대적 의료시설 현대화로 진단용 의료장비의 수요 지속증가가 예상된다. 유럽국이나 가격경쟁력 대비 품질이 인정되는 X-Ray, CT촬영기, 심전도계 등 일부 품목의 경우 진출 가능성이 있다.

10. 보건

사회주의 국가이기 때문에 의료를 포함한 사회보장체계가 잘 갖추어져 있다. 병원은 1974년의 의료 프로그램에 의해, 알제리 국민에게는 무상 의료지원이 이루어지고 있으며 1990년대에는 전국에 284개 병원과 2만 3,550명의 의사가 활동했다.

11. 환경시장

실질적인 환경정책으로 등장하면서 현재 알제리 환경 분야는 제도와 법령의 정비를 통해 진전을 이뤄가고 있다. 환경 정책 방향을 제시하는 '환경 활동과 지속 가능한 발전을 위한 국가계획(PNAEDD, Plan national d'action environnementale et Développement durable)'은 2001~2010년까지 실천할 다양한 계획을 규정하고 있다.

이러한 정책은 공해 유발자가 세금을 지불하는 새로운 환경기금의 조성을 통한 국가 환경공해방지기금(FEDEP)을 통해 재정이 지원된다. FEDEP의 용도는 기업의 공해 감소나 방지노력을 지원, 내·외국 컨설팅 회사의 공해방지 연구 재정지원, 공해방지 관련 신기술 투자를 촉진하는 데 있다. 이외에도 해안선보호 국가기금, 사막화 방지기금이 있다.

1) 국토 관리

환경 분야는 국가핵심현안 중 하나로 이로 인해 2000년 이 분야를 담당하는 정부부처를 신설했다. 국토관리·환경부(MATE)는 2006년 6월 관광 분야까지도 그 권한이 확장됐다. 국토관리 및 환경·관광부(MATET)는 사회·경제발전 속에서 환경적 현안문제를 담당하는데, 그 내용은 공해, 소음 방지, 생태계와 녹지 보호, 관리, 감독, 환경교육, 국제협력 등이고 이를 위한 환경, 장기적 발전연구소(ONEDD), 환경교육연구소(CNFE), 쓰레기 관리청(AND), 탈공해 생산기술 국가연구소(CNTPP) 등이 있다. 이 기관 이외에 MATET는 각 도(월라야) 단위에 다른 국가기관, 도, 지방자치체와 공조해 국가 단위에서 환경보호 프로그램을 운영하는 부서를 두고 있다. 이외에도 MATE 는 물 정수와 관련해서는 수자원부(MRE)와 재생자원과 해수담수와 관련해서는 에너지-광업부(MEM)와 협조를 하고 있다.

2) 폐기물 관리

2005~2009년을 위한 경제성장지원 5개년 계획에 따라 정부는 365억 디나르(4억 2,500만 유로)를 투자했으며 이 가운데 50%가 기계, 교육, 수거장비, 매립장 관련 장비, 폐기물을 통한 비료 생산, 병원폐기물 소각로, 폐기물 재생을 위한 가정쓰레기 관리 프로그램(PROGDEM)과 특수 폐기물 관리 프로그램(PNAGDES)에 쓰였다.

3) 물 · 정수

물 부족은 알제리의 가장 시급한 과제로서, 이의 해결을 위한 다양한 수자원 확보 관련 사업기회가 존재한다. 수자원부(MRE)는 2005~2009년 5개년 공공투자 계획의 일환으로서 150억 달러가 물과 정수 분야에 투자되었다. 이 계획에 따라 2006년 47개의 댐이 2010년에는 72개로 늘어나고 물 저장능력이 52억㎥에서 78억㎥로 늘어나게 되었다. 2010~2014 년에 추진될 5개년 개발계획에 따르면 총 270억 달러가 투자되어 물의 원활한 공급과 위생, 홍수 방지를 위해 총 35개의 댐과 34개의 하수처리시설 등 3,000건 이상의 사업이 추진될 예정이다.

4) 해수 담수화

정부계획은 사업자가 BOO(Build Operate and Own) 방식으로 운

영하는 13개 해수담수화 계획을 추진하였으며 이를 통해 추가적으로 226만㎥의 담수처리능력을 보유하였다. 2010~2014년간 추진될 새로운 5개년 개발 계획에 따르면 총 8,500만 달러를 투자하여 8개의 추가 담수처리시설을 완공할 예정이다.

12. 유통산업

실제 2009년 2월, 까르푸는 알제리에서 문을 닫았다. 그 이유는 약한 유통 체인망과 치열한 지역 경쟁, 토지의 비가용성 등으로 보고 있다. 알제리에서 생활하는 문제는 대부분 임대료가 한국보다 훨씬 비싸며 백화점이 없고 작은 상점들만 있어서 쇼핑할 만한 곳이 드물다. 공산품이나 생필품이 한국보다 비싸고 그래서 문화시설을 누리기 어렵다고 생각할 수 있다.

알제리에서는 찾아보기 힘들지만 모로코에는 외국계 백화점이 있으며, 모로코 수도인 라바트 지역에 MEGA MALL이 있어 명품 브랜드와 식당, 볼링장, 피겨스케이트장 등 각종 문화 시설이 있다. 반면에 튀니지는 프랑스 Carrefour, Monoprix, Champion 및 현지 백화점 3개, 중앙 시장, 아리아나 시장이 있다.

위의 전개된 내용을 토대로 하여 전반적인 알제리 시장을 SWOT 분석으로 내용을 요약하면 다음과 같다.

알제리의 혁신시장 SWOT 분석

강점	약점
◇ 자원 부국(원유, 가스 매장량 14위, 8위) ◇ 유리한 지리적 위치(유럽과 지중해 국가, 　아프리카 등 주변시장의 물류거점) ◇ 거시경제 성장 및 개혁 ◇ EU와의 협력	◇ 건설, 기술, 환경 등 know-how 숙련 근로 　자의 양성 ◇ 공기업 중심의 경제구조와 정부와 전문가 　의 시장경제의 콘셉트 부재 ◇ 비효율적인 행정과 계약지연, 정부와 기 　업 간의 업무능력 미흡
기회	**위협**
◇ 정부 주도의 인프라 프로젝트 확대 ◇ 국토개발산업 SNAT 2025로 신도시 건 　설, 담수처리 시설 등 대규모 SOC 투자 ◇ 미래 산업에 대한 정부의 필요성 증폭	◇ 이슬람 과격단체의 테러에 따른 정치사회 　적인 위협 ◇ 정부와 공공 분야의 부정부패와 구조적인 　문제 ◇ EU 국가와의 환경규제에 따른 개발과 기 　업체의 육성

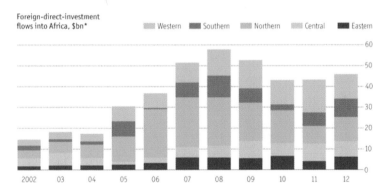

자료: UnctA.D., 2013

아프리카의 FDI 유입 분포

제4장 지중해의 중심 항안과 자원부국

유럽과 중동, 아프리카를 연결하는 북아프리카의 신흥 부국이 알
제리이다. 2010년 유럽발 경제 위기 속에서도 전 세계의 석유 수요
는 꾸준해 알제리의 경제는 큰 타격을 받지 않았다. 그러나 국가 산
업에서 석유·가스 관련 산업이 96.7%를 차지하는 게 오히려 장기
적인 국가 발전에 걸림돌이 될 수 있다는 지적이 알제리 국민 사이
에서 제기되고 있다. 국제 에너지 가격 변동에 따라 경제가 좌우될
정도로 석유산업 비중이 너무 크기 때문이다. 알제리 수출의 약
98%가 석유와 천연가스다. 국가 재정 수입의 70%도 석유와 가스가
차지한다. 알제리 정부는 관료적 권위주의 체계 아래 석유산업에 의
존도를 계속 높이고 다른 산업을 등한시했다.

그래서 현재 알제리는 천연가스 매장량 세계 10위, 석유 매장량
세계 16위(2012년 기준)의 자원 부국으로, 풍부한 천연자원을 바탕
으로 주요 인프라 개발을 중점적으로 추진하고 있다. 알제리는 일간
석유생산량 212만 5,000배럴(2009)로 아프리카에서는 2위, 세계 15
위의 산유국 지위를 유지하고 있다. 한편, 천연가스 생산량은 연간
865억㎥(2008)로 세계 6위를 차지하고 있다. 정부는 5개년 경제개
발계획에 따라 2005년부터 600억 달러에 달하는 예산을 국가개발에
지출한다고 발표했으나 실제 지출액은 그보다 훨씬 높은 1,600억 달
러에 달한 것으로 추산된다.

1. 사회간접자본

1) 항만

13개 다목적 항구, 2개 탄화수소 터미널, 19개 낚시와 선착을 위한 항구를 마련했다. 알제알제, 오랑, 안나바(Annaba), 드젠디젠(Djendjen) 항구는 컨테이너 작업설비를 구축한다. 가장 중요한 항구는 알제 항이며 1996년 초에는 37만 5,000톤의 컨테이너 터미널을 갖춘 안나바 항을 개항했다. 항구에 정박되는 선박 수는 1989년 1,844척에서 1995년 말 617척으로 감소하기도 했다. 항만의 경우, 현재 알제, 안나바, 오랑, 드젠디젠 등 4개 항구가 전체 물동량의 75%를 소화하는 상황이어서 병목현상이 극심하다.

알제리는 북아프리카에 위치한 지중해 연안국가로, 신도시 개발과 더불어 항만 개발을 동시 진행 중에 있다. 2011년 3월부터 알제리 정부는 향후 4년에 걸쳐 14억 달러를 투자하여 총 19개 항구시설을 개수 또는 신규 건설하겠다는 계획을 발표했다. 그 세부 내역을 보면 다음과 같다. 신규 어선항 및 요트정박지 건설(Sidna Youcha, Beni K'sila, Oued Z'hor, MA.D.agh), 어선 항 확장공사(Raïs Hamidou, Cherchell, Honaïne, El Kala), 컨테이너 부두 개수공사(Oran, Ténès, Skikda, Annaba, Chtaïbi, Arzew), 부두 확장보강공사(Mostaganem, Béjaïa), 유조선 항구 준설공사(Skikda, Annaba, Ténès) 등이 있다.

2) 공항

29개 국내 및 지방 공항이 있고, 그중 알제, 오랑, 안나바, 콩스탕틴을 포함한 12개 국제공항이 있다. 국적 항공사인 Air Algie가 유럽, 아프리카, 중동 지역을 연결하는 37개의 직행노선을 운행하고 있으며, 외국항공사는 이탈리아, 터키, 사우디 등 3개 항공사가 운행 중에 있다. 최근 Hassi R'Mel에 석유와 천연가스 수송을 위해 공항을 건설했으며, 공항 역시 부분적으로나마 민영화를 추진했다.

3) 철도

국영회사인 SNTF(Societe Nationale de Transport Ferroviaire)가 철도를 관리하며 총연장은 4,200㎞. 휴가철에는 열차 사용이 많아 SNTF는 노선 연장과 확대를 위한 투자를 하고 있다. 경제개발 5개년 계획시행에 따라 외국건설기업이 알제리에 대대적으로 진출을 하고 있는데 현재 진행 중인 프로젝트로는 공사규모 약 70억 달러의 고속철도 건설 프로젝트가 오는 2009년까지 1,240㎞ 건설을 목표로 추진 중이다.

4) 도로

자동차로 광활하게 펼쳐진 북아프리카의 고속도로를 달리면 시원한 느낌을 받는다. 알제리에서 튀니지와 리비아를 거쳐 이집트까지 연결되는 왕복 6차선으로 A-1 고속도로가 건설되었다. 알제리의 고속도로 공사는 중국 건설업체들에 의해 건설되고, 알제리가 지중해 해안선을 따라 1,270㎞에 이르는 고속도로를 건설했다.

1970년대 말부터 고속도로와 국도건설을 통한 광범위한 도로망 설립계획 추진으로 현재 총 도로 연장 10만㎞를 보유하고 있다. 2만 6,000㎞의 트럭 운송 및 고속도로와 2만 3,000㎞의 지방도로가 펼쳐져 있다. 도로는 교통체증이 극심하고 사고 또한 많아 이로 인한 손실액이 연간 1억 7,500만 달러에 달한다. 도로체계를 정비하기 위해서는 약 A.D. 2,270억이 소요되나 현재 알제리 정부는 A.D. 243억 정도를 지출하고 있을 뿐이어서 개선은 쉽게 이루어지지 않을 전망이며 따라서 정부는 도로 민영화를 통한 민간 기업으로부터 자본을 조달하여 도로 재정비에 투입하려 한다.

총공사비 110억 달러 규모의 남북 연결 고속도로와 알제리 고원지대 연결 고속도로 공사도 입안 단계에 있다. 이외 사하라 남부 지역인 인사라-타마라세트를 연결하는 총연장 720㎞의 수자원개발사업(Water Supply Pipeline Project) 등이 추진 중이다. 이외 신도시 및 신항만 건설 프로젝트가 진행되고 있다.

2. 성장속도

알제리는 경제 성장속도가 북아프리카에서 제일 빠른 축에 속했다. 2002년과 2003년 연달아 8% 가까운 경제성장률을 기록했다. 그러나 2011년은 2.5%로 하락했다. 과거에도 알제리의 기반시설은 급성장하는 경제를 지원하기에는 너무나도 열악했다. 1962년 프랑스의 식민지배에서 독립한 이후 사회주의를 표방하면서 시장경제와 거리를 둔 것이 문제였다. 1990년대 초반 조심스럽게 추진한 개방마저 극심한 테러와 정치적 혼란으로 좌초했다. 알제리는 결국 1994년 국제통화기금(IMF)의 혹독한 관리를 받는 신세가 되기도 했다.

알제리 정부의 발전전략은 석유 가스 수입의 사회 재투자를 통해 경제의 석유자원 의존도를 줄이고 과감한 인프라 투자를 통해 제조업, 서비스업 등 비화석연료 부문의 성장을 시도했으나, 그럼에도 알제리 경제는 여전히 석유가스가 절대적으로 의존하고 있어서 2010년 현재 총GDP 중 석유가스 부문이 차지하는 비중이 26%이고 정부예산의 65%와 총수출액의 98%를 화석연료 판매를 통해 얻고 있는 실정이다. 알제리 정부의 개발 예산이 대폭증액된 것을 감안할 때 수력발전용 댐, 담수화설비, 도로건설 등 고액 대규모 프로젝트에 대한 한국기업들의 알제리 진출은 향후 계속 늘어날 수 있을 전망이다.

3. 중국의 투자

지난 2003년부터 2007년까지 5년에 걸쳐 중국의 대 알제리 투자 누적액수는 무려 4,000억 달러에 달하고 있어서 아직 초보수준에 지나지 않는 한국 건설 회사들의 진출실적과 좋은 대조를 보이고 있다.

현재 알제리에는 40개가 넘는 중국기업이 활동 중이며 이들은 인프라, 주택건설, 텔레콤, 관개 수력발전 분야, 광업, 에너지, 운송 등 광범위한 분야에 걸쳐 진출해 있다. 수도 알제의 국제공항과 쉐라톤 호텔도 중국 업체가 건설한 것이고 알제 교외에 건립 예정인 1,400석 규모의 오페라하우스도 4,000만 달러를 들여 중국 건설회사가 세울 예정이라 한다. 한편, 전장 1,200㎞ 동서 관통 고속도로는 중국의 CITIC그룹과 CRCC가 프로젝트 수주를 했으며 총공사비 62억 5,000만 달러로 중국 해외건설 사상 최대 금액으로 알려졌다. 이에 더해 2009년 알제리 정부는 21억 달러 규모의 알제리 서부 지역 철도건설 관련 3개 프로젝트를 CCECC에 맡긴 바 있다.

실제 알제리에는 5만 명이 넘는 중국노동자들이 건설현장 등에서 일하고 있으며 이에 따라 일자리를 찾지 못하는 내국인들이 심각한 불만을 느끼고 있다. 실제로 2009년 8월에 수도 알제에서 중국인 노동자들과 현지 주민들 간에 무력충돌이 일어나 양국 정부가 직접 나서 중재를 시도하기도 했다.

중국의 대 아프리카 무역총액 가운데서 알제리가 차지하는 비중은 2007년 현재 수출 7%, 수입 3% 정도 수준으로 아프리카 54개국 중에서 각각 4위, 7위를 유지하고 있다. 양국 간의 교역액은 2001년 2억 9,000만 달러에 불과했으나 이는 2007년에 38억 3,000달러로 증가하고 2008년에 40억 달러를 넘어선 바 있다. 중국은 현재 알제리에서 프랑스와 이탈리아에 이어 세 번째로 중요한 수출시장으로 부상했다. 알제리로의 수입액 순위에서도 중국은 프랑스에 이어 2위로 뛰어올랐다. 중국은 머지않아 알제리 최대의 석유 수출시장이 될 것으로 예상되고 있다. 그러나 중국은 알제리에서 석유를 포함한 지하자원 채취, 건설 분야에 투자 원조를 집중하는 한편, 농수산업 분야에는 거의 활동을 전개하지 않고 있다.

앞으로 5개년 개발계획(2010~14) 프로그램이 성공을 거두려면 국가경제의 기본적인 인프라가 정비되어 있어야 함은 물론이다. 이런 인식에 근거해서 정부는 2005년에 '성장 지원 보완 플랜, PCSC'을 내놓고 이후 특히 알제리 남부 사막 및 산악지대에 초점을 두는 낙후지역 개발 프로그램도 발표함으로써 정부의 개혁의지를 표명했다. 2009년에 정부는 1,800억 달러를 이 프로그램들에 지출했고 이 가운데 약 70%는 기초 인프라, 저소득층 주택단지, 공공설비 건설에 투입했다.

제5장 해외투자 유치와 Dutch병

　알제리의 최고 매력은 국토 대부분을 차지하고 있는 사하라사막이다. 사하라사막은 자연경치로 Lonley Planet's BEST IN TRAVEL에 선정된 적이 있다. 이 지역은 사하라사막과 이어진 오아시스의 도시 타만라세트(tamanrasset)에 인접한 호가(Hoggar, Ahaggar) 산과 절묘한 조화를 이루고 있기 때문이다. 또한, 천연가스와 석유가 지역의 동쪽 부근에서 발견되었고, 이곳은 에너지 및 철강산업 등 적극적인 해외투자도 이어질 수 있는 최적의 장소이기도 하다.

　그러나 현재 알제리 전체 투자 가운데 해외투자가 차지하는 비중은 극히 작은 수준에 이르고 있다.

호가(Hoggar) 산

그럼에도 알제리 정부는 해외투자자들에 대해 우선권 부여와 적극적인 유치정책을 확실히 세우지 못하고 있는 실정이다. 그런 대신에 정부는 여전히 해외투자를 국내투자의 보완적 역할 수행에만 초점을 맞추고 있다. 예를 들어 국내기업과의 동반 관계나 외국 다국적기업의 국내 아웃소싱 계약, 에너지 부문 합작사업 등만 활발히 이뤄지고 있을 뿐이다. 국제에너지가격 상승추세로 지속적으로 증대되고 있는 Hydro-carbons(원유 및 가스등) 판매 수입의 사용처를 경제정책의 우선순위인 실업해소와 인프라 확충에 두고 있으며 날로 확대 되고 있는 민간 부문에 금융지원이 부족해 민간기업의 성장에 걸림돌로 작용하고 있는 중이다.

알제리 경제는 원유가스 부문(Hydro-carbon Industry)에 절대적으로 의존하고 있는 불균형 구조를 보이고 있다. 알제리 산업구조를 보면 이미 언급했듯, 석유, 가스 산업이 국민 경제에서 차지하는 비중은 전체 수출의 98%(2009년 기준)와 전체 GDP의 절반가량, 재정수입의 4분의 3을 차지한다. 알제리가 과거 사회주의 계획경제를 시행한 관계로 정유, 가스, 석유화학, 산업장비, 전기 전자산업, 금속, 제철, 철강, 제강, 식품, 전력, 시멘트, 섬유, 기계 산업(화물차, 버스 기타) 등 일부 중화학 부문의 비효율적 국영기업에 의존하는 경제시스템으로 인해 소비재를 포함한 여타 기초 제조업 등은 발전이 미진한 수준에 머물고 있는 실정이다.

1. 전력산업과 신재생에너지

발전설비 건설동향을 보면, 1936년에 알제 동쪽 200㎞ 지역에 위치한 Ighzer N'Chbel 수력발전설비를 통해 최초로 전기를 공급했다. 이후 풍부한 석유·가스를 이용한 화력발전소를 건설하여 전기 공급을 지속적으로 확대 중이다.

현재 현대건설은 알제리 수도 알제에서 남동쪽으로 270㎞ 떨어진 Ain Arnat(아인 아르낫) 지역에 1,200MW급 복합 화력발전소 건설사업을 진행 중이며, 39개월의 공사기간으로 엔지니어링·구매·건설 등 전 프로젝트 과정을 일괄 수행하는 턴키방식이다.

과거 1960년대 초 Haoudh El-Hamra 및 Alger-Port에 최초의 가스터빈 발전소(1960) 및 전력발전소(1961)를 연차적으로 건설했다. 가스터빈 발전설비는 총전력설비의 1/2(49.6%)을 담당하고 있다. 발전설비는 2000년도부터 2006년도까지 6년간 평균 5.2%의 증가세를 보였으며, 2006년 말에 이르러서는 8,000MW의 설비를 보유했다. 전력생산설비는 2000년 5,900MW에서 2006년 8,000MW(연 5.2% 증가), 2000~2006년 총 8기 2,625MW의 발전설비(화력 7대, 수력 1대)를 구축하였다.

지역별로 보면, Alger(420MW), Oum el Bouaghi(292MW), Illizi (9MW), Berrouaghia(480MW), Jijel(100MW), Arzew(321MW), Skikda (827MW), Naama(176MW)이다. 전력수요를 충족하기 위해 약 2,800MW의 발전설비를 추가 건설하였다. Tipaza 주에 HA.D.jret El Ennous 화력발전소 건설(1,227MW), 캐나다 SNC Lavallin(51%) 과 합작투자, 총 826백만 달러를 소요하고, Ain Temouchent 주 및

El Taref 주에 각각 Terga 및 Koudiet El Derraouch 화력발전소를 건설(각 800MW, 총 1,600MW)하였다.

다른 한편으로 개정 전력법(2001)은 전력 분야 경쟁체제 도입을 규정함에 따라 Sonelgaz(전력 생산 공급회사)도 조직 재정비를 추진했다. 제1단계로 배전 분야에 대해 4개의 자회사를 설립하여 담당 권역별로 전력을 공급하도록 조정했다. 전력생산 및 소비 측면에서, 생산과 소비는 2000년도부터 2006년도까지 6년간 평균 5.5% 내외의 증가세를 시현했다. 전력 생산은 2000년 25,008GWh에서 2006년 35,007kWh(5.8%/연 증가), 전력 소비도 2000년 20,759GWh에서 2006년 28,612GWh(5.5%/연 증가) 하였다.

신재생에너지인 태양에너지 자원이 풍부한 반면, 인구가 적은 사하라 지역을 중심으로 태양에너지 이용 설비 공급을 확대 중이다. 태양에너지 자원이 가장 풍부한 지역은 남서부 사하라에 소재한 A.D.rar로서 동 지역은 풍부한 지하수(60조㎥)를 함께 보유하고 있다.

EU 국가들은 알제리 등으로부터 재생에너지를 수입할 계획으로 알제리와 협력하고 있다. 모로코에서 스페인까지 해저케이블을 통해 이탈리아와 전력망을 상호 연결하는 프로젝트(500~1000MW급)(알제리·사르데냐, 알제리·시칠리아)도 진행 중이다.

국영석유공사 등 3개 기업이 공동 출자하여 신에너지기구(NEAL: New Energy Algeria)를 설립하여 신재생에너지 보급을 확대 추진하고 있다. NEAL 출자 지분은 Sonatrach 45%, Sonergaz 45%, Sim 10%(사기업)이며, 일반적으로 신재생에너지(New and Renewable Energy)는 태양, 풍력, 조력, 지열 등 기존의 재생 불가능한 화석에너지와 대립되는 의미로 사용한다.

Laghouat 주에 스페인 Abetter사와의 합작투자(총 3억 달러)를 통해 150MW급 태양광, 가스 복합발전소를 건설하였고, 남서부 모로코 국경과 인접한 Tindouf 주에는 10MW급 풍차(Eolien)를 이용한 농장을 건설하였다. Sonelgaz그룹 기존 재생에너지 관련 계획을 대체할 거대한 재생에너지 관련 회사를 설립하고 Sonelgaz CEO는 합작 회사 NEAL의 해체를 선언하고 기존 NEAL의 지분과 사업을 흡수하여 재생에너지개발을 맡는 거대한 회사를 만들었다.

SPE(알제리 전기회사)나 NEAL이 가지고 있던 재생에너지개발 방식과는 달리 새롭게 진행하였다. 알제리 재생에너지 개발계획은 2011년에 채택되어 재정참여, 기술전수 및 유럽전기시장 진출을 조건으로 10,000MW에서 최대 22,000MW의 수출을 달성하고 있다.

알제리 정부는 인구분포가 낮고 도시로부터 격리된 사하라 및 고원 지역에 태양광 전력 설비 보급을 추진 중이다. 농촌전화사업계획(Programme National d'Electrification Rurale, 1995~1999)에 따라 사하라 지역 18개 마을에 태양광 전력설비를 보급했다. 경제성장 프로그램(Programme de Soutien à la Croissance, 2005~2009)에 따라 북부 고원지대 및 남부 사하라 지역 소재 16개 마을에 태양광 전력설비를 보급했다. 고원지대 스텝존(Zone Steppique)에 거주하는 주민 3천 가구에 태양광 발전설비 및 태양광, 풍력 혼합 관계시설을 공급했다.

지역별 알제리의 전력사용

구분	해안 지역	고원 지역	사하라
면적(%)	4	10	86
일조 기간(h/y)	2,650	3,000	3,500
평균에너지량(kwh/y)	1,700	1,900	2,650

알제리 정부는 총 전력생산량 중 신재생에너지 전력이 차지하는 비중을 2015년까지 5% 수준으로 제고하는 것을 목표로 설정했다.

2. 철강

알제리 국영 철강회사인 Entreprise nationale de sidérurgi사는 알제리에서 비석유 가스 부문의 최대기업이며 El-HA.D.jar 철강단지 내의 최대기업이다. 동 사의 생산능력은 연산 2.2백만 톤, Sider사의 조강능력은 826천 톤으로 감소했는데 13개의 용광로가 생산성 저하로 폐쇄되었다. El-HA.D.jar 철강단지는 1999년 Societe Algerienne de Fabrication Siderurgique(Alfasid)사에 의해 재건설되었고 2001년 인도 LNM Group사의 자회사인 Ispat International이 Alfasid사에 지분 70%를 매도한 것은 가장 성공적인 민영화 사례이다.

2012년 4월, 세계 최대의 철강생산기업 ArcelorMittal의 마그레브 지역 CEO인 Vincent LeGouic은 알제리 국내 생산량을 더욱 늘릴 계획이라고 밝혔다. ArcelorMittal그룹은 철강 수요 감소로 인하여 전 세계의 많은 공장들을 폐쇄하였지만 알제리에서는 현재 연간 100만 톤 이하에서 140만 톤으로 생산량을 늘릴 계획이다.

3. 석유가스 자원과 외국인 투자

알제리는 이미 언급했듯이 원유생산량에서 아프리카에서 3번째, 세계에서 12번째 위치를 차지하고, 원유수출국기구(OPEC)에서 4개 아프리카 회원국 중 하나이다. 이미 북아프리카의 모로코와 튀니지

사이에 위치한 알제리는 국토면적 238만㎢로 아프리카에서 수단에 이어 두 번째로 큰 국가이다. 반면, 인구는 3,440만 명에 불과하여 세계에서 인구밀도(15명/㎢)가 가장 낮은 국가 중 하나에 속한다.

더치병(Dutch Disease)처럼, 현재 알제리의 풍부한 석유 자원이 국가경제를 부실하게 하고 있다. 정부는 석유를 판 수익으로 국가를 쉽게 이끌어가고 있다. 그러나 알제리의 석유 매장량은 20~30년 후 바닥날 수 있기 때문에, 정부는 장기적인 대책을 마련하려 한다. 그러나 정부가 2009년 5월에 발표한 해외투자 관련 정책에서는 외국 투자자에 대한 친화적인 정책과는 정반대의 방향으로 움직였다. 알제리 진출 외국기업들은 지분의 51%를 국내투자자에게 부여하고 수입 전문기업들의 경우는 30%의 지분을 국내 파트너에 내줘야 한다는 것을 의무화했다.

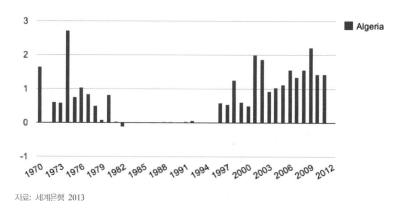

자료: 세계은행 2013

알제리의 GDP 대비 FDI 비율(1970~2012)

그 당시 세제혜택을 받은 외국기업이 모든 수익을 국내에서 재투자하도록 하고 있고 해외투자자 보유자산을 필요한 경우 국가가 일방적으로 처분할 권한을 보장하는 조항까지 포함했었다. 이와 더불어 해외투자자 보유지분의 매각을 통해 얻은 차익에 대해 자본소득세를 부과하고, 과거 국유지를 외국기업에 양도할 때, 양도 2년 후해당 기업의 소유권을 인정해줬으나 이를 영구양도 방식으로 전환했다.

위의 모든 정책은 해외투자기업들에 불리한 것들이지만 그럼에도이들에게 유리한 변화도 없지 않았다. 예를 들어 알제리 국내 비즈니스 투자환경의 개선과 국가투자개발청(ANDI)의 신설, 세관통과절차의 간소화, 고용규제 완화, 통합 산업단지 설립 등의 변화였다. 2008년 알제리 정부가 해외투자에 대해 이렇게 불리한 정책을 도입했음에도 같은 해의 해외투자 유치는 좋은 실적을 보였다.

알제리 국가투자개발청 발표 통계수치에 따르면 2008년 알제리는총 102건의 해외직접투자 프로젝트를 유치한 것으로 나타났다. 그총액은 87억 8,200만 달러이고 이에 따른 일자리 창출 건수는 1만명이 넘을 것으로 추정된다. 페르시아만 국가들은 다른 지중해 연안국들에서 투자를 점차 회수하는 추세인 반면, 알제리에서는 오히려투자를 크게 늘리고 있다. 2008년 한 해에 걸쳐 페르시아만 국가들은 69억 4,100만 달러(15건)를 알제리에 투자한 바 있다(2007년 13건). 반면, 유럽으로부터 들어오는 투자는 12억 8,500만 달러(29건)로 2007년(25억 5,000만 달러, 60건) 대비 50%나 감소했으며, 이는해외투자에 대한 알제리의 불투명한 법적인 환경에 기인한 것이라고 분석되고 있다.

알제리는 2010년 순 해외직접투자액에서 13% 감소를 기록했다. 이는 액수 면뿐만 아니라 발표 건수에서도 마찬가지였다. 이는 경쟁 입찰 시 외국기업보다 국내기업을 더 우대하는 2010년 알제리 정부의 규제강화조치에 따른 것으로 추정되고 있다.

EIIC(UAE) 투자회사는 25억 5,700만 달러를 들여 수도 알제 교외에 관광단지와 도심공원을 조성한다는 계획이다. 토털 기업은 프랑스 최대의 석유회사로 알제리 중부의 티미문에 8개 가스전을 개발하는 데 9억 6,300만 달러를 투자하였다. 에미랄(UAE)사는 부동산개발업체로 2억 9,200만 달러를 투자해서 수도 알제의 서부 해안 모레티 지역에 '포럼 알자자이르' 건설 프로젝트를 건설하고 있다.

현재 FDI는 프랑스 650백만 유로, 이탈리아 147백만 유로, 미국 134백만 유로, 러시아 83 백만 유로, 오만 67백만 유로, 호주 64백만 유로, 스페인 54백만 유로, 영국 40백만 유로, 레바논 38백만 유로, 이집트 38백만 유로 등이다.

제6장 원조의 경제와 에너지

　프랑스의 주요 교역 대상국은 알제리·튀니지·모로코 등 북아프
리카 5개국으로 이들 국가가 60%를 차지한다.

　과거 프랑스는 주로 프랑스어권 아프리카 국가들과 경제교류를
해왔으나. 2009년부터는 비(非)프랑스어권 국가들과의 교역규모를
늘리고 있다. 프랑스는 아프리카 국가들에 일반 특혜관세(GSP)와
자유무역협정 체결 등을 통해 교역을 강화하고 있는데, GSP를 통해
34개 아프리카 국가들로부터 수입하는 모든 품목에 무관세·무쿼터
로 시장진입을 허용한다. 잠비아의 여성 경제학자 담비사 모요
(Dambisa Moyo)는 아프리카에 원조를 중단하라며 아프리카의 문제
해결책을 제시한다. 모요는 향후 5년간 전 세계 선진국들은 아프리
카 원조를 중단해야 하며, 천재지변 등 불가피한 상황에서만 아프리
카를 지원하라고 했다. 그것만으로도 아프리카를 충분히 지원한 셈
이라고 했다. 모요는 유럽의 이타주의는 아프리카에 대한 경제적·
인도주의적 재앙이나 다름없다고 한다. 이는 자립경제의 필요성과
의지력을 역설한 것이다. 프랑스는 아프리카에 막대한 공적개발원조
를 투입하면서 식민지 시절 영향력을 유지하고 있다.

1. 식민지배 상처 회복의 첫 단추, ODA(공적개발원조)

　아프리카 국가를 식민 지배했던 프랑스가 오늘날에도 이들과 국
가와 정치·경제·문화적으로 긴밀한 관계를 유지하고 있다. 이는

피식민지 국가와 지배의 종속적인 관계에서 동반자 관계로 성공적으로 전환했기 때문이다. 1960년대 프랑스령 아프리카 국가들이 독립한 이후 식민제국주의의 이미지를 벗고 종전의 관계를 이어가기 위해 '쌍방향 협력관계'를 강조하는 전략을 구사하고 있으나 쉽게 풀리지 않는 면도 있다.

예를 들면, 프랑스의 아프리카 정책 기반을 구축한 샤를 드골 대통령은 아프리카 국가들과의 협력협정을 통해 아프리카 영향력을 유지했고, 드골이 아프리카 식민지배 국가들에 대해 추진한 '경제·군사적 협력협정(Accords de coopération économique et militaire)'은 현재 탈식민지 시대에도 프랑스가 여전히 과거 식민지배 국가들에 영향력을 행사하고 있다는 비난을 불러일으키고 있다.

표면적으로는 프랑스와 아프리카 사이의 긴밀한 관계로 프랑사프리크(Françafrique)로 부르는데, France와 Afrique의 합성어로, 그 이면에는 프랑스 지도층이 아프리카 정권을 정치적으로는 보호해주고 경제적으로는 이익을 얻는 것을 말한다. 아프리카가 형식적으로는 독립했으나 프랑스의 보이지 않는 영향력이 계속되고 있다. 이를 위해 아프리카에 막대한 ODA를 투입하여 지배-종속적인 관계에서 동반자관계로 이행하기 위한 수단으로 삼고 있다.

미국 다음으로 2009년 현재 프랑스는 세계 제2위 아프리카 원조공여국으로 OECD 국가가 2007~2009년 3년간 아프리카에 투입한 ODA 금액 중 14%를 차지할 정도이다. ODA를 매개로 프랑스와 아프리카의 상호의존적 유대관계는 계속 유지·강화되고 있다. 프랑스의 개발원조는 제4공화국의 식민지 지원정책을 근간으로 태동, 제5공화국 성립과 프랑스 식민지 국가들의 독립을 계기로 본격화하였다. 프랑스 개발원조 전개는 성립기, 강화기, 전환기, 개혁기 등으로 구분된다. 1960년대 프랑스령 아프리카 국가들이 독립한 이후, 식민 제국주의의 이미지를 벗고 긴밀한 관계를 이어가기 위해 '쌍방향 협력관계'를 강조하는 전략 구사, 즉 프랑스가 ODA를 제공하고 상호 교역을 늘리는 형태로 협력한다. 2009년 현재 프랑스는 미국에 이어 세계 제2위 아프리카 원조 공여국이다.

그러나 알제리는 아프리카의 다른 나라에 비해 원조를 잘 활용하고 있다. ODA는 공여 주체의 수와 직·간접적인 지원기준으로 양자 간 원조와 다자 간 원조로 나눌 수 있다. 알제리의 양자 간 원조는 2000년의 8,600만 달러에서 2009년의 2억 1,400만 달러로 매년 10.7%씩 크게 늘어났다. 같은 기간 원조액이 가장 많았던 해는 2005년으로 4억 4,500만 달러였으며 이후 감소추세에 있다. 다자 간 원조는 2000년의 4,500만 달러에서 2009년에 8,200만 달러로 연평균 6.9%씩 늘었다. 같은 기간 원조 액수가 가장 많았던 해는 2006년으로 1억 달러에 달했다.

알제리에 가장 많은 ODA 원조를 하고 있는 국가는 프랑스이다. 프랑스는 2000년에 6,460만 달러에서 2009년에는 1억 3,740만 달러로 같은 기간에 걸쳐 매년 8.8%씩 늘어나고 있다. 2005년에는 최대 3억 4,740만 달러의 ODA를 지원했으며, 이후 감소세를 보이고 있다. 프랑스는 2007~09년 동안 알제리에 평균적으로 매년 1억 5,550만 달러의 ODA를 원조했으며, 이는 알제리의 양자원조 규모의 61.0%를 차지한다. 알제리의 ODA 수혜는 절반 이 상이 프랑스로부터 오고 있다. 이러한 이유는 알제리가 과거에 오랫동안 프랑스의 식민통치를 받아 사회·경제·정치·문화적으로 프랑스의 영향이 많이 남아 있기 때문이다.

첫째, 사회적 인프라 구축에 ODA의 대부분이 편중되어 있다. 2009년 기준으로 사회적 인프라 구축사업의 비중은 72.0%였다. 2000년부터의 동향을 살펴보면, 2000년에 60.3%였던 것이 2009년 에는 11.7%포인트 늘어난 것이다. 둘째, 경제적 인프라 구축은 매년 비중이 크게 줄었을 뿐만 아니라 절대적인 지원금액 규모도 2000년 에서 2009년 사이 매년 -11.6%씩 줄었다. 셋째, 경제적 인프라 구축 외에 물자공여사업과 부채경감사업 역시 비중과 지원규모가 줄고 있는 것으로 나타났다. 넷째, 최근에는 다분야 사업(환경 등)에 대한 지원이 늘고 있다.

알제리가 지금까지 받았던 수산업 대외원조 가운데 그 규모 면에 서 가장 컸던 프로젝트는 농업발전국제기금(IFAD)이 1990년 제공 했던 1,520만 달러 규모의 '전통수산업 발전 및 고용확대를 위한 6 개년 사업'이다. 이 프로젝트에서는 영세성을 면치 못해왔던 알제리 전통수산업을 발전시켜 저소득 어민들의 생활수준 향상을 도모하고 도시 소비자들에게 저렴한 수산물을 제공하는 동시에 이 분야 일자 리 창출을 통해 청년실업을 경감하고 수산업의 지속 가능성을 높인 다는 목표를 내세운 바 있다. IFAD는 이 프로젝트를 성공적으로 끝 마친 후 같은 모델을 다른 나라 수산업 분야에도 적용하고 해당 서 비스를 민간 사업자에게 이전했다.

2. 알제리 사막에 원유 대신 원전

원전산유국인 알제리가 프랑스처럼 왜 원자력 에너지를 이용하려

는가? 여기에는 UAE가 한국의 원전을 유치한 것을 보면 이해가 된다. 전체 전력의 77%가 원전이며 원천 기술을 소유한 프랑스가 알제리에 원전수출은 바라왔던 경제협력이기 때문이다. 사람들은 북아프리카의 석유부국들이 왜 원자력에 대한 투자를 필요로 하거나 원하고 있는지 궁금해 할 수도 있지만 그 속에는 경제적으로 중요한 이유가 있음을 알게 된다. 사막의 나라들, 이집트에서 사우디아라비아, UAE에서 요르단, 터키 및 이란까지의 국가들은 매우 빠른 인구 증가와 전력수요 증가율을 유지하고 있다. 북아프리카 알제리도 풍부한 석유와 가스 에너지를 보유하고 있으며 그들은 발전 원을 다양화하여 이들 천연자원을 수출이나 다른 목적으로 보존하기를 원하고 있다. 그들의 빠른 성장은 국제적으로 에너지 소비의 급격한 상승을 초래하고 있다.

알제리도 현재의 성장속도라면 자신들이 생산한 석유와 가스를 점점 더 많이 전력생산을 위하여 소비하는 것을 대신할 방안을 찾지 않으면 2030년대에는 세계 석유시장에서 도태된다. 이는 사우디나 UAE처럼 최악의 시나리오에서 벗어나기 위한 전제이며 프랑스의 에너지수입을 위해서도 매우 중요하기 때문이다. 이제 세계 4위 천연가스 수출국인 알제리가 자국 내 첫 원전 건설을 추진한다. 알제리 에너지광물부는 급증하는 전력수요를 충당하기 위해 2025년까지 알제리의 첫 번째 원전을 건설할 계획이다. 알제리에는 약 2만 9,000톤 규모의 우라늄 자원이 있으며 이는 1GW급 원전 2기를 60년 동안 가동할 수 있는 양이다. 알제리는 원자력기술연구원을 통해 향후 원전 가동을 위한 전문 인력을 양성할 계획이며 알제리 원자력위원회는 1차 에너지 및 전력수요의 빠른 증가로, 가격경쟁력을 갖춘 청정에너지의 필요성, 알제리가 보유한 우라늄 자원 등이 원자력 개발의 배경이 되었다. 한편 알제리 정부는 2008년 자국의 첫 번째 원전을 2020년까지 건설하고 5년 주기로 원전을 추가 건설할 계획이었다. 그러나 실제로 이와 관련해 알제리 에너지광물부는 원전 건설에 앞서 원전의 위치, 안전성, 원전에 필요한 수자원 공급 문제를 우선시 하고 있다.

제7장 *미래 지중해 끝의 경제*

　최근 이 지역들에서 발생한 '재스민 혁명'에 따른 아랍의 봄 현상에 장기적으로 주목하고 있다. 이러한 현지의 사회현상은 북아프리카에서 중동으로 옮아갔다. 알제리를 시작으로 국가 재건의 움직임이 '아랍의 봄'이 끝난 튀니지와 리비아와 이집트에 영향을 미치면서 터키와 중동 지역으로 퍼졌다.

　알제리와 튀니지를 비교해 보면 사회·경제적 인프라의 발전 정도가 높은 알제리의 경우, 어업과 같은 지중해 개발을 중심으로 정책 연관성과 훈련계획이 강구되고 있다. 튀니지도 향후 개발계획이 높은 사업에 초점을 맞추어 지중해개발 협력정책 및 어업교육을 중심으로 ODA 지원의 필요성을 느끼고 있다.

1. 마그레브의 중심경제, 알제리

　1962년 독립한 이후 알제리는 석유 개발이 시작되면서 현재는 세계에서 가장 많은 석유 및 가스를 생산하는 국가 중의 하나가 되었다. 이를 통한 안정적인 외환보유고, 투자능력 및 거대한 영토는 이웃 국가들의 부러움의 대상이었다.

　앞서 이야기했듯 오일머니로 형성된 안정적인 재정으로 기반시설, 고속도로(총 7,000㎞), 수도·전기·교육·보건과 같은 기본 서비스에 대한 공공의 부분에 개선도 활발히 이루어지고 있다. 알제리 정부가 내세운 민족주의는 그동안의 개발정책이 여전히 방향을 확고히 세우지 못하고 있다. 과거 알제리는 자유주의에서 사회주의로 그 이후 2009년부터는 민족주의라는 새로운 노선까지 선택했다. 아랍의 봄 여파로 다시금 새로운 혁신정책 모델을 필요로 하고 있다. 민족주의는 경제적 성과를 보이고자 자립적인 거시경제 발판을 마련하기 위한 결단이었지만 오히려 알제리는 세계경제의 변화에 능동적이지 못하고 국민과 외국인들의 투자를 감소시켰다.

하지만 알제리는 IMF가 2012년 자국 경제 성장률을 3.1%에서 2.6%로 변경 예측했음에도, 오히려 세계경제를 강타한 경기침체 속에서 대응했다고 보고 있다. 이는 석유가스 분야에서 거둔 성과였다. 공공기반시설과 서비스도 지난 4년간 10%의 성장을 기록했고 알제리 농업(2009년부터 2012년까지 연간 13.7%씩 성장)도 농업부흥정책이 가속화됨에 따라 활성화되었다.

알제리는 비석유 분야에서 벌어들인 수입도 2009년 이후로 연간 15%씩 성장하였으나 경제구조를 다양화하고 민간 분야를 발전시키려는 알제리 개혁 보고서의 실행 가능성은 여전히 불확실하다. 기업환경 개선은 아득히 멀기만 하고 행정부는 무능하며 금융 분야의 효율성 또한 미약한 알제리는 공공기반시설 투자에만 집중되고 있다. 알제리는 여전히 각종 재화의 3/4을 수입에 의존하고, 지난 몇 달간은 높은 물가를 기록하고 있다. 국가 외환보유고의 98%, 정부예산의 75%를 차지하는 석유 및 가스 수출의존도를 낮추기는 어렵다.

2. 경제구조 및 정책

　외형적으로는 알제리가 국제유가의 지속적인 강세로 견실한 경제 성장을 기록해왔으나, 원유, 천연가스 및 기타 관련제품산업에 대한 수출의존도가 98%로 매우 높아 석유 생산이 일시 감소한 2006년에는 경제성장률이 2.9%로 하락했고, 유가 변동이 경제 성장에 직접적인 영향을 받는 취약한 구조를 가지고 있다. 그러한 까닭에 알제리 정부는 원유 생산정책을 단기간 내 집중 생산하기보다는 일정기간 안정적인 생산정책을 추진하고 있다.

　아프리카에서는 알제리가 나이지리아, 리비아, 앙골라에 이어 제4위의 원유 생산국이며(2008), 나이지리아 및 리비아에 이어 아프리카 제3위의 원유매장량 보유국(122억 배럴)이다. 석유산업의 판매수입으로 생긴 여유재정을 일자리 창출을 위한 인프라 확충 및 공공주택건설과 같은 공공 부문 사업에 투자하는 등의 방식으로 사회 인프라 구축에 많은 노력을 기울이고 있다. 석유가격 변동의 효과는 수출 물량변동 효과보다 훨씬 크게 미쳤다. 지난 2년간 원유 및 석유제품 수출 물량이 정체되었음에도 불구하고 유가상승에 힘입어 석유류 수출 금액은 2006년 540억 달러 및 2007년 690억 달러를 기록하였다. 과거 2005년은 460억 달러였다.

　Fatiha Mentouri 주재국의 재무부 금융개혁 담당 부장관은 2007년 11월 26일에 지난 2005년부터 추진된 CPA(Credit Populaire d'Algerie, 알제리 국민은행)의 민영화 절차를 중단하였다. Mentouri 부장관은 CPA의 민영화에 참여한 6개의 외국은행 중 3개의 프랑스 은행(BNP Parisbas, Societe General, Natexis)만이 입찰에 참여하게

됨에 따라, 가격협상이 불리해졌다는 점을 민영화 절차 중단의 이유로 제시하기도 했다. Mentouri 부장관은 현재의 금융위기가 진정되면 CPA 민영화 절차를 다시 시작할 것이며, 알제리 정부의 금융 분야 개혁의지에는 변함이 없었다.

3. 투자환경

과거부터 개방에 대한 두려움이 생겨나기 시작했으나, '아랍의 봄' 이후에는 조금 달라진 상황이다. 일관성 없는 행정업무와 과잉규제, 각종 세금으로 국가에 대한 불신은 중소기업의 발전을 저해해 왔다. 알제리는 여전히 석유에 상당 부분 의존하며, 이 상태를 벗어나려는 계획은 있으나 실제는 문제가 많아 보인다. 알제리는 2015년까지 계획한 1백만 중소기업 창업이나, IMF에서 밝힌 20%에 육박하는 청년실업률을 줄이기 위한 수백만 일자리 창출의 가능성도 어려워 보인다.

그럼에도 알제리 총리 Abdelmalek Sellal은 두 자릿수의 성장률을 기록할 것이라는 공약을 실현할 것을 강조했다. 하지만 알제리 경제가 2004년 이후 연간 5~2.5% 아래의 성장을 하는 데 머물러 있었다. 현재 지나친 관료주의 형식의 한계도 문제시되고 있다. 알제리의 관료주의는 어떤 기업은 되고 어떤 기업은 안 되는 등 일관성이 없고 경제활동에 장애가 되는 법률들이 맞물려 있다. 2012년 10월 23일 세계은행이 발표한 "Doing Business" 2013 보고서에 따르면 마그레브 3국 중 창업기간이 모로코가 12일, 튀니지가 11일이면 충분한 데 반해 알제리에서 최소 25일로 가장 길게 걸린다고 한다. 평균적으로 건축허가증을 얻는 데 걸리는 기간도 알제리는 281일로 모로코 97일, 튀니지 65일보다 마그레브 3국 중 최고로 길다. 또한, 알제리는 대출 혹은 사업자등록을 하거나 파산 절차를 밟는 형식이 가장 복잡한 나라 중 하나이기도 하다. 세계은행이 조사한 회사 경영이 얼마나 쉬운가에 대한 항목에서 알제리가 조사대상 185개국 중 152위 순위에 올라 있어서 투자하기 어렵다고 한다.

그럼에도 불구하고, 외국인투자의 기본정책과 투자현황을 살펴보면, 첫째, 외국인 합작기업법에 의하면 과거 많은 제한을 두어왔던 외국인투자를 대폭 자유화하는 한편, 합작기업 설립조건 완화, 외국인 자본 참여비율 제한 철폐, 알제리 민간기업의 외국기업과의 합작 허용, 세제혜택 범위 확대, 외국인 투자보장조치 강화 등을 다룬다. 1995년 투자진흥기구(APSI)를 설립, 투자등록 및 제도상 투자자들의 편의를 제공하고, 정부는 투자자의 토지이용과 지방관계자들과의 거래촉진을 돕기 위해 지역투자진흥기구(CALPI)를 설립하였다. 둘째, 투자에 대한 보장은 내외국인 동일취급으로 내외국 법인은 투자 관련하여 그 권리와 의무 면에서 동일한 대접을 받는다. 즉, 외국인 및 외국 법인은 알제리와 투자자 출신국 간에 체결된 조약을 조건으로 하여 동일한 대우를 한다. 셋째, 향후 입법적용 배제 측면에서, 본 법령의 개정 또는 폐지는 투자자가 명시적으로 요구하지 않는 한, 본 법령에 따라 기 이행된 투자에는 적용되지 않는다. 넷째, 징발(강제압수) 대상에서 배제 측면은 시행 중인 법률상 적시된 경우를 제외하고, 실제 투자는 행정조치의 징발 대상이 되지 않으며 징발은 정당하고 형평 있는 보상이 따른다. 다섯째, 분쟁의 사법적 해결을 보장한다. 투자자의 요인이나 알제리 국가의 조치로 야기되는 모든 분쟁은 양자 조약이나 다자 조약에 특별히 명시된 경우를 제외하고는 사법 판단 대상이 된다. 외국인투자 관련 기관은 상공부(Ministry of Commerce) 또는 산업자원부(Ministry of Industry and Energy)에서 담당한다.

국가위험도와 정치 안정성 면에서 투자환경을 점검해보면, 정치 상황은 매우 불안하며 군부 집권세력에 대한 국민 불만도 높은 편이다. 이슬람 과격분자들의 무장폭동이 자주 발생하며 외국인에 대한 무차별 테러가 빈번하여 정부는 이에 대해 강경하게 무력으로 진압하고 있으나 아직 완전히 소탕하지는 못하고 있다. 과거 사례를 들면, 2000년 11월, 12월(라마단 기간) 사이에 이슬람 무장단체에 의한 폭력사태로 300명가량이 사망하였다.

사회적 안정성 면에서는 정부군의 대대적인 진압으로 과격 회교단체의 무장투쟁이 도시에서는 현격히 감소하였으나, 농촌 산악 지역 등에서는 여전히 빈발한다. 그러나 회교단체 내에서도 분열상이 나타나고 있어 1990년대 중반과 같은 내전상황으로 비하될 가능성은 낮다고 본다. 회교단체의 무력활동 이외에 높은 실업률(2003년의 경우 27% 추정)이 잠재적 사회 불안요인이 되기도 했다. 안보위험도 면에서 보면, 이란과 갈등관계에 있으며 수단에서도 대사관이 철수된 상태이다. 그 외에 별다른 안보상의 위험은 없으며 안보보다는 오히려 국내 무장 게릴라들의 활동이 더 위협적이다. 주변 국가와의 분쟁 가능성은 과거 인권문제 등으로 서방 국가들과 소원한 관계가 지속되었으나, 현 정부의 개혁정책 시행 이후 관계 개선이 이루어지고 있다. 또한, 모로코와는 서부 사하라 독립운동단체인 폴리사리오 지원문제로 불편한 관계가 지속되고 있으나, 전면적인 무력 충돌로 발전할 가능성은 희박하다.

대외지급 능력 측면에서는 DSR은 2001년 이후 지속적으로 개선 10%대를 유지해오다가 2011년 DSR은 2% 이하까지 낮은 수준을 유지하고 있다. 총외채 비율은 2003년 GDP 대비 34.6%였으나, 총외채 잔액은 2006년 이후 3~5%대를 유지했다. 2011년은 GDP 대비 총외채 비율은 8.1%(4,699백만 달러)로 감소했다. 총외채 중 단기외채 비중은 2004년 1.97%이었고 외환보유고 경상수입의 19개월 수준이었다. 그러나 오일머니 유입으로 풍부한 외환보유액이 꾸준히 증가했다. 2011년 1,806억 달러에 달하며 이는 월평균 수입액의 34.8개월분까지 늘어났다.

이는 2004년 이후 부채청산 정책이 채택되고부터 신중한 입장을 취하면서 알제리가 상당한 외환보유고를 보유할 수 있었기 때문이며, 정부가 유가상승에 따른 이익 초과분을 부채상환에 사용하는 등 대외부채 감소를 위해 노력한 결과이다. 그 후로 사우디아라비아 다음으로 중동·마그레브 지역에서 가장 많은 외환보유고를 획득하게 됐고 2012년 말 외환보유고는 2,052억 달러(1,584억 유로)에 달한다.

1) 노동여건

노동력은 전체 노동력의 4% 정도가 12년 정도 정규교육을 받았다. 현지에서 기술인력 조달이 가능하며, 대부분이 프랑스어에 능통하나 영어는 거의 구사하지 못하는 실정이다. 과거 실업률은 매우 심각한 문제였다. 2000년 당시의 실업률이 약 28%이었으며, 특히 30세 이하 젊은 층의 실업률이 매우 높은 편이다. 임금수준을 보면, 임금협상은 전통적으로 정부와 Union Generale des Travailleurs

Algeriens(UGTA)사에서 이루어졌다. 1990년 새로운 노동법에 의해 이 같은 방식이 종료되었으나 UGTA의 경제에 끼치는 영향력은 여전히 컸다. 현재 실업률은 2012년 약 10%이며, 물가상승률은 2011년 4%이다.

근로조건은 고용주가 근로자를 위하여 해고와 실업수당을 포함한 사회보장세의 의무가 있다. 피고용자 최소 연령은 16세로 강제노동 금지, 1990년 노동법은 일주일 40시간 노동시간을 지정하고 있다. 최저임금은 A.D. 6,000(US 80$)에서 2001년 1월 A.D. 8,000으로 33% 인상을 정부가 발표하였다. 법령에는 직업상·건강상의 수칙을 규정한다. 노동조합은 Union Generale des Travailleurs Algeriens(UGTA)가 영향력을 행사한다.

2) 교육환경

교육수준은 1976년 이후 6~15세의 아이들에게 의무교육을 실시하여 왔으나 1989년 15세 이상 전체인구의 40%가 정식교육을 받지 못한 것으로 집계되었으며 15세 이상의 43%가량이 문맹이었다. 교육제도 및 취학률은 독립 이후 취학아동 수는 급증하였고 99%의 아동이 취학하였다. 그러나 성인의 경우 문맹률이 1995년 말을 기준으로 무려 38%에 달했다.

교육여건은 알제리 정부는 교육에 정부예산의 30%를 할당하고 있으며 계속된 교육 부문의 발전계획을 해왔다. 전국에 총 54개 대학 중에 17개 종합대학이 있으며 대학생 수는 약 16만 명 정도이나, 16개 도시에 대학연구소가 있으며 오랑에 최근 새로운 대학들이 세워졌다.

3) 자유무역지대(free trade zone)

벨라라(Bellara) 자유무역지대는 알제 수도에서 동쪽 방향으로 가다 보면 지젤(Jijel) 지역에 위치한 벨라라에 Wilaya of Jijel 자유무역지대가 조성되어 있다. APSI(the Foreign Investment Promotion Agency)에 의하면 1997년 말이나 1998년 초 입주했다. 주변에는 지젤공항이 있으며 동쪽으로 40㎞ 거리에 새 항구가 있다. 이는 두 번째 자유무역지대로 신항구, 드젠디젠이 세워져 있다. 이곳에 입주한 외국회사에는 세금과 관세가 면제되고 있다.

그러나 보호주의로 돌아선 정책노선은 알제리인 자신들의 교역을 힘들게 하고 있다. 국제 로펌 Herbert Smith의 변호사 Mehdi Haroun은 알제리에서 석유 부문을 제외한 비석유 분야에 대한 외국인 기업의 투자는 거의 이뤄지지 않고 있다고 언급한다. 하지만 2009년 제정된 보충재정법에 있는 조항인 외국인 투자자들에게 지분의 49%만을 소유하게 하는 안은 중대한 결함 중의 하나이다. 또한, 국제적인 기업들은 우선적으로 현지인들을 고용하고 싶어 하지만, 종종 아랍어밖에 구사하지 못하기 때문에 해외기업과 접촉하는 자리를 위한 고용은 불가능하다. 해외기업들은 이러한 알제리의 선입견이 점점 더 알제리의 발전과 합작투자를 어렵게 한다고 본다. 따라서 알제리는 기업들이 스스로 발전하는 것을 막는 규제들을 완화하고 자금을 동결시키는 법안들을 제거해야 한다. 그리고 해외 석유 기업들의 세금을 경감시키는 것뿐만 아니라 아직 미개발된 추가 자원 발굴 활동도 적극 유치해 무기력해지는 알제리 경제를 활성화해야 할 것이다.

4. 한-알제리 경제협력 추진

이중과세방지협정, 전략적 제휴협정, 경제과학기술협정, 투자보장 협정, 해운협정 등 2003년 12월 알제리 부테플리카 대통령의 국빈 방한을 계기로 양국 간 경제협력 가능성이 최초 부각된 이래 2006 년 3월 노무현 대통령의 알제리 국빈 방문 시 양국 정상 간 합의한 전략적 협정에 따라 우리나라는 산업자원부 1차관을 위원장으로 하여 총 45개 정부 관련 부처, 경제단체, 민간 기업으로 구성된 민관합동 알제리 경제협력 Task Force팀을 구성하고 알제리와의 본격적인 경제협력을 추진하고 있다.

실질적인 대 알제리 경협 추진을 위해 2006년 5월 우리나라의 민관합동조사단이 알제리를 방문하여 양국 간 협력사업 전개를 위한 현장조사활동을 수행한 이래 8차에 걸쳐 양국 간 경협 T/F회의가 개최된 바 있다. 제8차 한·알제리 경협 T/F가 2011년 5월 알제리 에서 개최된 바 있으며, 산업/IT 분과, 정책/협력 분과, 에너지/자원 분과(신재생에너지 중심), 건설/교통/플랜트 분과, 농/수산 분과 등 5 개 분과를 개최, 그동안의 양국 간 경협의 성과를 평가하고, 섬유산 업을 비롯한 신재생에너지 분야의 협력을 확대 강화했다. 또한, 알 제리 중장기 발전 전략 수립 자문 등 알제리 경제의 선진화를 위한 정부 차원의 지원과 협력을 강화하기로 하는 등 양국 간 보다 실질 적이고 구체적인 협력의 틀을 마련하였다

☆ 문화경제 코드

a. 종교적 특성

○ 구성: 이슬람(수니파 98%), 가톨릭(2%)

○ 알제리는 헌법상 이슬람 국가로서 여타 종교를 배척하며, 자국민이 이슬람 이외의 종교를 믿을 경우 문제가 되나, 외국인이 타종교를 믿는 것은 용인된다. 실제 1988년 복수정당 허용에 따라 이슬람 원리주의자들을 주축으로 하는 '구국이슬람전선'이라는 정당이 창당되었고, 현재는 테러 등으로 국민들로부터 더 이상 지지를 얻지 못하고 있다.

성 어거스틴 기념성당 내부

○ 그러나 기독교 최고의 성자로 일컫는 성 어거스틴(Saint Augustine)
이 겔마(Guelma)에서 태어났다. 콩스탕틴의 동쪽 이웃 도시 겔
마는 알제 시내에서 동쪽 550㎞ 떨어진 아틀라스산맥 가장자
리에 위치한다.

- 겔마(Guelma)의 산업을 소개하면, 강을 중심으로 성장해서 오
아시스와 같은 지역이다. 여러 개 로마인의 목욕탕과 야외극장
유적이 남아 있으며 로마식 Helio polis(기둥도시)를 이루고 있
으며 석회암 지역으로 자연 상태가 지상에 노출되어 다른 도시
와 구별된다.

석회암 산을 이루며, 이 산을 통과하는 98℃의 물은 자연스레
야외 대형 온천을 형성하게 만들었다. 대부분의 온천이 그렇듯
이 피부병, 신경통이 있는 사람들이 여기서 목욕을 하면 좋아진
다. 1개의 국영 호텔과 호텔 Mermoura, 호텔 타리크, 호텔
Chelala(공중목욕탕 Debagh) 호텔 라 쿠론, 엘 바라카(A/B 호
텔 포함)의 관광 단지 및 Bouchahernie의 관광 단지 등이 있다.
현재 겔마는 농업과 목축의 중심 도시이자 산업은 자전거 제조, 설
탕 정제, 도자기, 통조림, 제분산업 및 양질의 통밀가루를 생산한다.
편직, 모직 카펫과 도자기는 겔마의 일부 전통산업으로 알려져 있
다. 이 지역은 Seybouse 강 덕택에 매우 비옥하고 큰 댐이 광대한
관개수로를 제공하여 종려나무·과일·야채·곡물 등을 재배한다.

b. 문화 환경적 특성

○ 알제리인의 경우 프랑스 남부, 마르세유에는 알제리계 80여만
명이 집단 거주하고 있으며, 알제리는 정서적으로는 이슬람권

이지만, 프랑스·이탈리아·스페인의 인접국으로 소비자 취향은 유럽문화 및 브랜드에 친숙하다.

○ 알제리 전역에 보급된 가정용 위성방송수신기를 통해 실시간으로 주요 유럽 TV 프로그램 시청이 가능하기 때문이다.

○ 여성의 사회참여도가 이슬람 국가 중에서 비교적 높은 편이며, 라마단 기간 등을 제외하고는 호텔 및 레스토랑에서 주류 판매가 허용되는 서구적인 개방 문화를 갖고 있다.

○ 이슬람의 기본예절인 인사할 때와 식사할 때에는 왼손을 사용하지 않고, 돼지고기 섭취를 금기시한다.

○ 알제리의 자연환경은 풍요로운 자연의 혜택을 받은 나라로서 야자수는 알제리의 상징이라고 할 수 있다. 야자수는 오아시스의 영광을 상징하고 수많은 세월을 견뎌왔으며 넓은 잎으로 채소와 과일을 재배하는 농원에 그늘을 만들어준다. 영토면적이 광대하기 때문에 감귤, 여러 가지 과실수, 포도밭, 연안지방의 다양한 식물, 장대한 코르크나무, 산지의 알레프 소나무 등 다양한 식생과 자연을 즐길 수 있다. 그러나 수돗물은 석회분이 많으므로 그냥 마시지 않고 미네랄워터를 사 먹는 것이 좋다. 손은 항상 깨끗이 씻고, 과일이나 야채는 잘 씻어 먹어야 한다.

○ 기후는 지역에 따라 다양하며, 남부 지역은 사막 가젤, 영양, 아프리카 큰귀여우 등 자연보호구역을 지정해서 보호하고 있다. 북부에는 엽총사냥이 가능하며 멧돼지 등 풍부하지만 염소나 사슴사냥은 금지되어 있다. 새들은 메추라기·능에·자고새·플라밍고·황새 등 몇 가지 철새도래지로 유럽에서 유명

하다.

○ 시내 도로 여행 시 신호등이 있는 도로가 많지 않고 보행자를 배려하지 않는 차들은 빠른 속도로 달리기 때문에 도로에서는 항상 주의해야 한다. 알제리 사람들과 함께 건너고 교통의 정체 시에도 조심해야 한다. 차들이 정차해 있어도 급하게 건너거나 하면 위험하다.

c. 기후

○ 알제리는 지중해성 기후로서 3월 낮 평균기온이 19℃이며, 야간은 6~8℃로 조석으로 다소 기온 차가 난다.

○ 수도 알제의 3월 평균 강수량은 0.7mm 기록한다.

○ 강우량: 연간 강우량이 800~1,000mm 정도이며, 사하라사막의 남부 지역은 연간 100mm 이하의 강우량으로 연중 가뭄이 지속된다.

○ 온도 차: 해안 지역에서 가장 습한 지역으로 약 20도의 온도 차를 나타냄. 7~8월 여름 평균기온은 30℃이고 11~2월 겨울철 평균기온은 12℃ 내외이다. 1월 중 온도는 매일 15~9℃를 유지, 여름에는 Chehill라는 건조한 뜨거운 바람이 남쪽 사하라로부터 아틀라스산맥을 넘어 북쪽으로 불어온다.

- 일일 및 연간 온도 변화는 내륙 쪽에서는 심하나, 사막 지역에서 일일 30도까지 차이가 난다.

d. 국민

○ 주요 도시 인구

알제(467만 명), 오랑(105만 명), 콩스탕틴(55만 명)

e. 인종

○ 인종: 아랍인(81%), 베르베르인(19%)

○ 역사 및 지리적으로 유럽, 중동, 아프리카와 관련되어 아랍인
(82%), 베르베르(15%) 외 카르타고, 그리스, 터키, 카탈루냐
후손들이 혼재한다.

f. 언어

○ 공용어(아랍어), 상용어(베르베르어, 프랑스어): 헌법상 국어는
아랍어이지만, 프랑스 식민통치로 다수 국민이 프랑스어를 사
용한다.

- 실제 1962년 독립 이후, 식민지 지대의 프랑스어 교육에 대한
반동으로서 급속한 아랍어화가 진행되었다. 그러나 아랍에의 동
화를 거부하는 베르베르인들의 반발을 불러와 1980년대에는 베
르베르 문제를 일으켰다. 베르베르계 종족으로는 카바일족, 차
우차우족, 옴자브족 등이 있는데 옴자브족은 이바다이트파 이슬
람교도이다. 또 다른 베르베르계 투아레그족은 알제리 사하라
남동부의 아름다운 자연환경에 위치한 아하가르, 아드라르 대산
괴의 오아시스 근처에 사는 유목민이다.

이러한 이유로, 2002년의 헌법 개정에 의해서 베르베르어(따마
지흐)가 국가 언어로서의 지위를 인정받았다. 카빌 지역을 중심

으로 전 국민의 19%가 베르베르어를 사용하고 있다. 프랑스어
는 의무 교육으로 가르칠 수 있는 외국어이며 제2언어로서 현
재도 넓게 이용되어 많은 사람들이 프랑스어를 사용한다. 1996
년 12월 정부의 아랍어 사용의 일반화에 대한 법률이 통과되었
음에도 불구하고 아직까지 고등교육기관에서는 프랑스어 사용이
더 일반화되어 있다. 세계에서 두 번째 프랑스어 사용국이며, 대
학생 중에는 프랑스어는 읽고 말하고 쓸 줄 알면서도, 아랍어는
읽고 쓰는 것이 불편한 경우가 많이 있다. 그 외 약간의 영어·
이탈리아어·에스파냐어·독일어·러시아어 사용자가 있다. 독
립(1962) 전에는 유럽인(주로 프랑스인) 1백만 명, 유태인 15만
명이 거주했으나 독립 후 약 90%가 알제리를 떠났다.

기타 민족으로 하라틴족은 아프리카 혹인 피를 물려받은 수단
인들로, 알제리 전역에 산재하는 작은 오아시스에 모여 거주하
며, 나머지는 소수 프랑스인·스페인인·이탈리아인 등이 거주
한다.

g. 예술

○ 1962년 독립 이후 영화, 문학, 음악 등 알제리 예술 분야는 급
  격한 발전을 거두었다.

○ "Chronique des annees de braise(격동시대 일대기)"는 칸 황
  금종려상 수상했다.

h. 공휴일

○ 관공서·공공기업과 은행의 경우 8:30~15:00 또는 16:00까지

근무하며 일반기업 및 상점의 경우 17:00까지 근무한다.

○ 목요일과 금요일은 공휴일이다. 개인기업의 경우 목요일에도 근무하는 경우가 있으며, 은행의 경우는 금·토요일이 정기휴일(단, 외국계 기업의 경우 본사와의 업무 공백을 최소화하기 위해 금·토요일을 휴무하는 경우도 있다.)

○ 라마단 기간에는 대부분의 업체가 단축 근무(8:00~14:00)를 하므로 오후에는 상담이나 전화통화가 불가능하다.

☆ 알제리 여행정보

a. 통관

○ 세관신고

- 현금 2,000달러 이상: 외환신고 관련 증빙서 수령 후 출국심사 시 휴대해야 한다.

○ 출국심사

- 보안체크 및 수속 창구의 불충분성: 미리 수속준비 필요하다.
- 출발시간 90분 전에 체크인 수속 창구 마감한다.

○ 출입국 절차 및 유의사항

- 휴대품 검색: 비교적 수월한 편(단, 과도한 샘플은 과세대상)
- 예방접종: 일부 예방접종을 권고하는 기관도 있으나, 근래에는 특별한 예방접종 및 방역은 필요하지 않다.

b. 전기

○ 전압: 220V

- 소형 주택에는 220V 공급되며, 대형 주택 및 건물, 공장 등에서는 380V/50Hz가 공급된다.
- 각종 플러그나 콘센트 규격도 유럽식 표준을 따르고 있어 휴대용 어댑터를 준비해야 한다.

c. 전화

○ 전화선 보급률이 인구 1,000명당 66회선(2003년 기준)이었으나, 현재는 빠르게 휴대전화로의 전환으로 알제리 휴대전화 보

급률은 99%(2013)이나, 주변국의 휴대전화 보급률(모로코 113%, 튀니지 117%)에 비해 약간 낮은 편이다.

- 전화선 보급이 열악한 상황이며, 이동통신 보급률은 계속해서 증가하고 있다.

○ 국제전화 이용 시

- 국제전화코드(00)+국가코드+지역번호+전화번호
- 서울의 경우: 00+82+2+전화번호

d. 환율 및 물가

○ 화폐단위와 종류

- Algerian Dinar(A.D.), US$1=A.D. 72.3289(2009. 5)
  지폐단위는 1,000/500/200/100 A.D., 동전단위는 100/50/20/10/5 A.D.이며, 미국달러나 유로화는 환전을 통해 유통된다.

○ 유일한 공식 환전소: 환전은 알제 국제공항 내이며, 기타 특급 호텔 출납창구에서 환전 가능하다.

- 알제리에서는 은행 환율과 암시장 환율에 큰 차이가 있다. 예를 들면, 은행에서 100유로를 환전하면 현지화로 8,900DA를 받는다. 암시장을 이용할 경우 11,000DA 정도를 받을 수 있다. 100유로에 1,100DA 정도 차이가 나는데, 이는 한국 돈 2만 원 정도이다. 시내 항구 근처 길거리에 공공연히 암시장이 형성되어 거래되고 있는 실정이다.

○ 물가는 한국과는 비교할 수 없지만, 서비스 상품의 수준과 품질을 비교해보면, 생각보다 물가가 한국보다 높을 수 있고, 특히 야외 식당의 해산물은 비싸다.

이코노미스트 인텔리전스 유닛(EIU)이 최근 2013년 세계 131개 도시를 대상으로 교통비, 식료품, 의류 등 생활비를 조사해 순위 발표한 것에 따르면, 물가가 가장 싼 도시 TOP 10에 1위 카라치(파키스탄)와 뭄바이(인도), 3위 뉴델리(인도), 4위 카트만두(네팔), 5위 알제(알제리)와 부쿠레슈티(루마니아)로 물가가 싸다.

e. 교통정보

○ 버스가 운행되고 있으나, 정거장과 노선 표시 안내가 체계화되지 않은 탓에 외국인의 활용도는 매우 낮고, 지하철은 2010년 완공 이후 현재 1호선 연장 건설 중이며, 현재 외국인이 활용할 수 있는 대중교통수단은 택시와 메트로, 트램, 교외선 등이 있다.

○ 한국에 비해 택시 운행률이 높지 않아, 호텔에서 미리 사용호출 예약을 할 것이 요구되며, 요금계산은 한국의 시간거리 병산제와 달리, 단순 거리에 따라 요금을 지불하는 방식이다. 대부분의 택시 기사들은 영어구사능력을 갖추지 못하고 있다.

f. 주요 관광지

○ 카스바(Casbah)는 전통적 도시 구조 유적과 고대 모스크, 성채 및 오토만 저택 궁전 등 유적을 보유하고 있다.

○ 바스티용 뱅 트르와(Palais des rais)는 15세기 오토만 시대의 건축물들이다.

○ Cherchell 유적은 로마시대 유적지로 고대 로마군의 병참기지로 활용되어 원형경기장, 공동목욕탕 등이 있다.

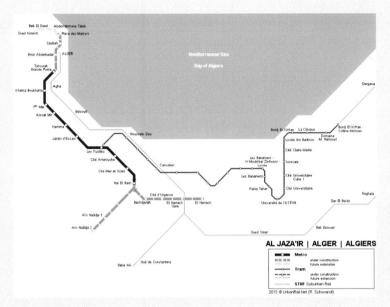

알제 수도 메트로 노선도

○ Tipaza 유적은 고대 카르타고 무역의 중심지였으며, 로마 시대
에는 전략기지로 활용되었으며, 박물관 왕족 묘 및 기독교인
묘 등이 존재한다.

g. 비자

○ 2006년 9월부터 외교관 및 관용여권 소지자 비자 면제이다. 단
관광객은 반드시 사전에 비자를 발급받아야 한다.

- 여권 소지인의 서명이 누락될 경우, 위조 여권으로 오인 받을
수 있으니 반드시 서명해야 한다.

- 반드시 주한 알제리 대사관 또는 3국의 알제리 대사관으로부터
비자를 받아야 입국이 허용된다.

- 체류기간 연장 시, 비즈니스 비자는 연장이 안 된다. 대부분 한 국인들이 유효기간 6개월, 체류기간 3개월의 복수비자를 받는 다. 체류기간을 한 달 연장하면 한국인들은 대부분 복수비자 자 체가 한 달이 연장되지 않는다. 한 달 연장해서 출국했다가 돌 아오면, 복수비자자체 체류기간은 누적 3개월이기 때문이다. 그 래서 연장을 하더라도 출국하면 비자를 다시 받아야만 한다.

h. 기타

○ 팁: 팁 지급이 의무사항이 아니며, 최근 공항, 호텔, 식당가 등 서비스업계에서 팁 관행이 확산되고 있다. 사회주의식 알제리 인들의 강한 자존심과 자본주의 속성이 혼재되고 있으므로 유 의해야 한다.

○ 아랍국에서 금기시하는 돼지고기 등은 반입 금지이며, 말라리 아 등 예방접종 및 방역 등은 필요 없다.

○ 알제리의 공휴일은 여타 이슬람 국가와 마찬가지로 목·금요 일이 주말이며 휴일이다.

○ 관공서, 공공기업 및 은행은 8시 30분부터 15시까지 근무하며 일반기업 및 상점은 17시까지 근무한다.

○ 알제리의 대표적인 음식으로는 쿠스쿠스(Couscous)·양갈비 (꼬트다뇨: côtes d'agneaux)·포도주·박하차 등이 있다.

○ 알제리와 한국과의 관계도 개선되어 편하게 여행할 수 있는 곳 중에 한 곳이다. 무엇보다도 알제리 자체의 변화다. 전 세계적 으로 사회주의국가들이 붕괴하고 사회주의로는 국민들을 잘 살게 할 수 없음이 증명되어 경제체제를 시장경제로 전환하는

추세에서 알제리도 벗어날 수 없었기에 청년 실업의 문제로 대두되어 아랍의 봄으로 이어졌다.

국제노동기구(ILO) 최신 자료는 중동 지역 청년 실업률이 2012년 세계 평균 12.7%의 두 배 이상을 상회하는 26.4%라는 것을 보여주고 있다. 북아프리카 국가들은 상황이 더욱 나빠져서 청년 실업률은 그보다도 조금 높은 27.5%를 기록하고 있다. 프랑스 중심의 교역에서 벗어나, 서구 여러 나라를 비롯한 자본주의국가들과의 교류를 활성화할 필요를 느꼈고 사회주의노선의 북한보다는 세계 10대 경제 대국에 오른 한국과의 교류 확대도 같은 맥락이다. 한국의 관점에서 보면 산유국인 알제리가 아프리카와의 협력을 선도하고 있으므로, 이 지역과의 교류협력을 증진하고 개발과 혁신투자 등으로 경제적인 실익을 얻을 수 있다. 결국 우리가 편한 경제활동을 하기 위해서는 비자의 문제도 있지만 한국의 역량을 알제리가 이해하고 받아들이고 있다는 점이다.

또한, 북아프리카 여행은 국가와 여행업체 간의 적극적인 투자노

노트르담 성당(좌)과 콘스탄틴 이슬람 대학(우)

력과 개발덕택으로 보기도 한다. 해외여행 도중 예멘 참사와 같은 테러와 인질사태가 여전히 발생할 수도 있기에 적극적으로 알제리와 접촉하여 숙소와 교통수단, 안전, 경찰당국과의 협의 등이 잘 이루어지고 있다. 그리고 그러한 개척활동은 소규모 여행사들의 힘겨운 노력으로 지속적으로 확대되고 있는 상황이다.

여행을 계획한 이들은 알제리에서의 여정에서 튀니지로 넘어가면 더 폭넓게 이해할 수 있다고 본다. 북아프리카의 세 나라인 알제리·튀니지·리비아는 지리적인 공통점 외에는 너무도 다른 나라들이다. 모두 다 이슬람을 믿는 나라이지만 알라신을 믿는 방법에도 차이가 나고 국민들의 일상생활도 다른 점이 너무 많다. 이는 과거 경제사 측면에서 보면 매우 흥미로울 것이다.

제**2**부
<u>모로코</u>

모로코는 아프리카대륙의 서쪽 끝 최북단에 위치하고 항구도시이기 때문에 다른 항구도시들보다는 덥지 않은 편이지만 쏟아지는 강렬한 태양만큼은 다르지 않다. 과거 포르투갈의 지배를 받았으며 유럽과 모로코의 문화가 뒤섞인 곳이다. 16세기 포르투갈의 식민 요새 도시로서 아직도 포르투갈 양식의 성벽이나 건축물이 고스란히 남아 있지만 21세기 현재 그곳에서 살아가는 사람들은 전통 복장을 한 모로코인들이 대부분이다. 해양국가라서 구소련 지역의 중앙아시아의 이슬람 국가들, 우즈베키스탄, 카자흐스탄 등과는 모스크의 분위기가 다르게 보였다.

모로코의 대표적인 도시 카사블랑카(Casablanca)는 모로코 경제의 중심지지만, 모로코의 수도이자 정치의 중심지는 라바트이다. 실제 여행하다 보면, 도시마다 철도로 잘 연결되어 있는 것을 알 수 있고,

카사블랑카 무역항구

운행시각이 비교적 정확하고 편리하다. 기차역들을 새로 정비해서 한 도시에 기차역이 구·신역 이중으로 구분된다. 마라케시~탕헤르(8시간), 마라케시~페스(Fes)(8시간) 구간은 야간열차도 있다. 열차는 다소 낙후되었으나 민영 고속버스에 비해 싸고 운행편수도 많다.

제1장 북아프리카 항구도시의 나라

우리가 북아프리카의 경제를 이해하려고 떠난 여행은 모로코에 다다르면서 동일한 환경이지만, 유럽의 끝과 지중해의 끝, 북아프리카의 서북쪽 끝이라는 정점의 분위기에 묘한 분위기를 갖게 한다. 유럽과 아프리카의 인카운터도 있어서, 현지 모로코 화폐단위는 디르함(MAD)이지만 유로도 결제가 가능하다.

첫째, 지중해와 대서양 연안에서 휴양 북쪽의 탕헤르(Tanger)와 테투안(Tetouan), 서쪽의 카사블랑카(Casablanca), 남쪽의 에사우이라(Essaouira)와 아가디르(Agadir) 등의 도시가 있어, 미국 캘리포니아의 서해안 도시들처럼 세상의 끝이자 출발점에 와 있는 느낌이다. 특히, 탕헤르 자유무역지대에 공업단지를 조성하기 위해 각종 세제 혜택을 제공하고 있다. 둘째, 베르베르(Berber)족 마을을 찾아다니는 중부 아틀라스(Atlas) 산지 트레킹도 경제를 이해하는 데 도움이 되는 여행코스이다. 셋째, 섭씨 45도가 넘는 마라케시(Marrakech)를 거점으로 이동하는 남부 사하라사막의 여정과 <글래디에이터>의 촬영지 등은 사막에서의 경제창출이 가능함을 보여준다.

모로코의 투자방향을 조명해보면, 튀니지는 공교육에 대한 과감한 투자로 아프리카 최고의 인적 자원을 보유하고 있는 반면, 인건비가 높아서 상대적으로 불리한 투자환경을 가지고 있다. 마그레브 국가들은 이전의 외국인투자가 국가 인프라로 연결되지 않고 단기 수익을 낼 수 있는 분야에 집중됐던 것에서 벗어나, 최근에는 국가 기간산업 분야의 투자유치를 위해 총력을 기울이고 있다. 모로코는 전력사용 증가로 인한 발전소 건립과 관광휴양지 조성을 위한 건설 프로젝트 진출도 유망하다. 유망진출 분야는 전기전자와 통신, 자동차부품 등의 제조업과 통신, 고속도로, 항만, 공항 등 SOC 분야와 호텔 건설 등이다. 또한, 수입 의존도가 높은 의료기기 및 포장 기계류에 대한 진출도 참고할 만하다.

자동차의 경우, 닛산-르노가 10억 유로를 투자해 모로코 탕헤르 공장의 연간 생산능력을 최대 40만 대까지 확대하고 있다. 모로코 북동부에 위치한 르노 탕헤르 공장(연산 17만 대 규모)이 2012년 2월부터 가동을 시작하였다. 이에 따라 르노의 모로코 생산은 2011년의 5.7만 대에서 2012년 15.6만 대로 10만 대가량 증가했으며, 모로코 탕헤르 공장은 아프리카에 소재한 공장 중 최대 규모이며 현재 다치아 로지와 도커를 생산 중이다. 미국·유럽의 항공기 제조업체들도 몰려들고 있다. 유럽합작사 에어버스는 내년 튀니지 북부 므히라에 7,600만 달러 규모의 조립공장을 열 계획이다. 미국 보잉사도 카사블랑카에 모로코와 합작 공장을 운영하고 있으며 항공엔진 제조사인 프랑스 사프란도 마그레브 전체에 6개의 공장을 갖고 있다. 일본 스미토모 전기는 폴란드, 불가리아 등 동유럽의 전자전기 생산기지를 모로코 탕헤르와 튀니지 부살렘으로 이전하는 방안을 추진하고 있다.

북아프리카의 오일머니로 구축한 인프라, 자원개발, 신도시 및 관광지 개발 등은 서유럽의 기업들이 주목할 수밖에 없는 현실이다. 동유럽과 비교해보면, 2004년 EU 가입 이후 인건비가 대폭 올라 저가 생산기지로의 매력 상실되면서 최근 금융위기 직격탄을 맞아 IMF의 지원까지 받게 되었다. 이에 따라 터키와 북아프리카로 이전이 증가하고 있다. 이곳은 금융시장 개방 정도가 낮아 최근 금융위기의 영향을 비교적 적게 받았다. 실제로 경제위기 이후 투자가 급감한 동유럽과 달리 지난 2011년 마그레브 지역 투자는 5% 감소하는 데 머물렀기 때문이다. 임금이 저렴하면서도 노동력의 질이 우수하다는 것도 큰 매력이다.

그나마 동유럽 중에서도 저렴한 르노 자동차 루마니아 공장의 직원 평균 임금조차도 671달러를 지불하지만 마그레브 지역에서는 195~325달러로 절반 정도의 인건비가 든다고 한다. 또한, 세계경제포럼(WEF)은 튀니지가 수학 및 과학교육 수준이 세계 7위라고 평가했다.

지리적으로 아프리카에 속하지만 유럽에의 접근성이 동유럽에 비해 용이해 물류비용을 줄일 수 있는 이점도 있다. 모로코의 지브롤터해협을 넘어 13㎞만 가면 바로 스페인에 닿는다. 그러나 동유럽에 비해 인프라가 낙후되어 있고 아랍권에 속해 테러의 위험성이 약점으로 작용하지만 미래는 밝다. 세계 투자자들은 생산기지를 이전하거나 신규로 설립하려는 외국인 기업들에게 마그레브는 합리적인 선택이라고 말한다.

카사블랑카 랜드마크, 하산(Hassan) 2세 모스크

1. 특색 있는 도시들

1) 카사블랑카(Casablanca)

모로코에서 "하얀 집"의 상징인 이곳은 경제 수도이고 관광에 의존하는 다른 도시들과는 다르며, 경제활동 때문에 서유럽인들이 집중투자 하는 도시이다. 우리에게 잘 알려진 <카사블랑카>라는 영화 속의 내용도 유사하다. 카사블랑카 영화 이야기처럼, 모로코의 카사블랑카는 전란을 피하여 미국으로 가려는 사람들의 기항지로 붐비고 있었다. 이곳에서 술집을 경영하는 미국인 릭 브레인(험프리 보가트 분)은 이런 와중에 떼돈을 번 유지이다. 어느 날 밤, 반 나치의 지도자인 라즐로(폴 헨레이드 분)와 그의 아내 일리자(잉그리드 버그만 분)가 릭의 술집으로 찾아온다. 이들 부부는 릭에게 여권을 부탁하러 온 참이었는데 일리자를 본 릭이 깜짝 놀라는 것으로 영화는 시작된다.

이처럼 인구 304만의 최대 상업도시인 카사블랑카는 15세기에 이 도시를 포르투갈인이 건설하면서 붙은 이름 "하얀 집"이라는 의미이다. 수도 라바트에서 대서양 연안 남쪽으로 90㎞ 거리에 위치하고 있다. 20세기에는 완전한 서유럽풍은 아니지만 근대식 건물로 완전히 리모델링되어 시내가 곳곳에 들어선 하얀 건물들과 그 사이로 촘촘한 골목길과 도로는 자동차와 사람들로 뒤섞여 들어섰다고 한다.

그러나 해안 주변으로 호텔들이 세워졌고, 해변의 사람들이 여유로운 휴식을 즐길 수 있다. 도시의 업무 일상에서 벗어나 해변에서 여가를 동시에 즐길 수 있게 만들어진 도시가 카사블랑카이다. 외국과의 교류가 많은 탓인지, 거리의 사람들은 대부분이 패셔너블하고,

카사블랑카 트램

정장 차림의 여성들이 많다. 카르타고와 로마 시대 이래의 유적도 많고, 카사블랑카의 모하메드 5세 공항에서 차로 1시간 20분밖에 걸리지 않아 이곳으로 곧장 오는 관광객도 적지 않다.

2) 라바트(Rabat)

대서양 연안에 자리 잡은 모로코 왕국의 수도로서 인구 약 146만의 행정도시이다. 또한, 정치의 중심지로서 국왕이 거처하는 왕궁, 의회, 정부기관, 외국공관 등의 공공건물이 많고, 녹음이 짙은 거리들은 전원도시로서 차분한 분위기를 띠고 있다.

왕정국가이자 이슬람 국가인 모로코의 라바트는 여러 모로코의 도시와 다르고 수도답게 깨끗하게 관리되어 유럽의 소도시와 같은 느낌을 받는다. 핫산 타워는 모스크의 미나렛으로, 서기 1195년 건립이 시작됐다가 술탄의 죽음과 함께 공사가 중단된 유적이다. 800년이 넘게 이 자리에 서 있었던 만큼이나 현대도시의 어느 마천루보다 보는 이를 압도하는 존재감을 드러낸다.

3) 살레(Salé, Salli or Sallee)

11세기에 세워진 유서 깊은 도시로, 17세기에는 해적선의 본거지로 악명을 떨쳤다. 17세기에, Salé-Moriscos는 바르바리 해적의 천국이 되었다. Salé 해적은(잘 알려진 "Salé Rovers") 멀리 아메리카의 해안까지 바다를 배회하면서, 전리품과 노예를 가져왔다. 그들은 Salé 공화국을 형성했다. 현재 Salé Rovers, Jan Janszoon는 미국인 가정의 후손 van Salee가 있다. 1629년 7월 20일에 Salé 도시는 Licorne, Saint-Louis, Griffon, Catherine, Hambourg, Sainte-Anne, Saint-Jean 등으로 구성된 함대의 프랑스 제독 Isaac de Razilly에 의해 포격되었다. 그 당시 도시를 폭격하면서 3대의 해적선을 파괴하였다.

이곳은 13~16세기에 축조된 건축물이 많아서 관광객이 모이고 있고, 부레그레그 강 건너편에 있는 살레(Sale)는 현재 수도 라바트와 이웃하고 있지만, 라바트보다 앞서 세워진 도시이기도 하다.

4) 페즈(Fez, Fes)

모로코 제3의 도시이자, 내륙에 위치한 페즈는 라바트에서 동쪽으로 약 200㎞에 위치한, 인구 93만으로 역사와 신비의 도시이다. 페스(페즈)는 모로코에서 가장 오래된 제국 도시이며 '오래된 도시'로 지금은 유네스코 세계문화유산에 등재되어 있다. 메디나(Medina, old town)는 Fes el-Bali라고 하는 높은 벽 뒤에 오로지 모든 사람의 삶으로 가득 찬 9,000개의 좁은 거리가 마법과 같은 중세 도시이다. 그래서 메디나에서는 세계 최대의 미로라고 알려져 있고 메디나(미로)의 관광은 안내를 받아야 한다. 성벽 안에만도 11개의 문이 있고 광장을 둘러서 메디나라고 불리는 구시가지에는 술탄의 궁전, 부유한 상인들의 화려한 저택, 시장, 공원 등 많은 것들이 골목골목 미로로 이루어져 있다. 안내책자를 보면서 다녀도 머무는 동안 여러 번 길을 잃고 현지인의 도움을 받아야 숙소로 돌아올 수 있는 곳이다. 페즈는 모로코의 문화와 영적인 수도로서, 확실히 그 생동감을 경험할 수 있다. 여기 페즈의 메디나 도심지에서 골목을 거닐다 보면 세계 유명한 양가죽 제품이 골목골목의 가죽공장에서 염색되고 있다. 수십여 개의 염색 원형 통 속에서 여러 가지 색깔의 염료로 물들인 양 가죽을 해외로 수출하고 있다.

기원후 789년 페즈 강의 동쪽 도시에 이드리스 1세(dIris I)가 정착하여, 모로코 최초의 왕조를 만들었다. 그의 아들 이드리스 2세에 의해 808년에 도시가 건립되었고 모로코의 수도로 신속하게 중요한 무역 중심지가 되었다. 3세기 후에는 Marinid 왕조하의 예술과 지적 명성도 유럽에 알려지게 한 큰 도시였다. 페즈는 오늘날에 중세 이슬람 도시의 매력적인 외형을 지니고 있다. Marinid 왕과 Alawid 왕조들은 여전히 훌륭한 수많은 기념물들로 도시를 장식하였는데, 좋은 예로 Ibero-Moorish 양식을 이루었고 가장 번영했다.

그 밖의 유적지 도시로, 문화역사의 도가니인 페즈와 이웃한 옛 역사적인 메크네스(Meknes) 도시는 세계문화유산에 등재되어 있다.

또한, 아틀라스산맥 남부 사하라사막이 시작되는 지역들도 관광산업
이 주를 이룬다.

5) 그 밖의 해안 소도시

엘 자디다는 카사블랑카에서 버스나 기차로 한 시간여 떨어진 곳
에 위치한 대서양 연안의 항구도시이며, 탕헤르(Tanger)는 유럽과
교류가 활발한 도시이다. 과거 유럽과 미국 열강이 각각 구역을 나
눠 관리해서 글로벌화된 곳이 엿보인다. 북부 지중해 연안에 위치한
휴양지, 중부 이프라네(Ifrane)와 그 주변 남부 휴양도시인 아가디르
(Agadir)도 포함된다.

2. 경제적 특징

모로코 경제는 GDP(국내총생산)로 볼 때, 아프리카의 제4위 국가
이다. 1인당 GDP도 4천 달러 이상으로, 비교적 부유한 국가이다.
알제리와 달리 산유국은 아니지만, 광업과 경공업 등 산업의 균형도
좋다. 공업국이라고 부를 수는 없으나 의류와 식품 등의 경공업 외
에 석유정제와 비료 등의 기초적인 여러 공업이 발달해 있다. 부존
자원매장량은 세계 1위의 인광석을 중심으로 한 광업과 생산량 세
계 제6위의 올리브 재배 등의 농업이 경제에 공헌하고 있다. 대서양
해안은 어장으로서 우수하여 일본에도 문어 등이 수출되고 있다. 관
광자원도 풍부하다. 관광수입은 22억 달러를 상회한다.

하지만 실업률은 8.9~44%까지 치솟은 상황에서 '아랍의 봄' 혁
명의 바람이 불자 잠재된 불만이 분출되기 시작했다. 민주화 시위

초기 국왕이 개혁을 약속해 정국을 안정시켰지만, 국민들은 변화를 체감하지 못하고 있다. 그래서 여전히 주요 도시에선 고물가와 부패에 항의하는 대규모 시위가 이어졌다. 비싼 집값에 고물가, 특히 모로코 경제를 떠받치는 관광업 종사자의 90%가 최저임금을 받는 불평등한 구조는 사회 불만과 불안 요소이다. 척박한 사막에서도 고유의 문명을 유지, 발전시켜 온 모로코지만 차츰 유럽의 별장지대로 전환되면서 내적 성장의 모순이 더욱 심해지고 있다. 그밖에 유럽연합 여러 나라에 체류, 이주한 모로코인으로부터 오는 송금도 외화수입원이 되고 있다. 관광경제 면에서 보면, 마라케시 국제영화제처럼 모로코 정부는 국제영화제 개최 등 각종 행사를 마련해 외국 관광객들을 모으고 있다. 마라케시 국제영화제는 모로코 국왕이 주최자이기에 그 명성에 비해 화려하게 치장되어 포퓰리즘적인 면이 강하다.

1) 농업 · 수산업 국가

모로코 경제의 특징은 농업 부문의 비중이 총GDP의 15~20%이고, 전체 노동인구의 약40% 이상을 점유하고 있어서, 농업 · 수산업에 종사하는 총취업인구는 대략 50%이다. 이는 경제 성장에 전반적인 영향력을 차지하고 있다. 경지면적의 대부분이 후진적인 전통농업의 터전이며 유럽인 소유 농지가 근대화되어 있다. 특히, 겨울철 강수량에 따라 당해 연도 농업 부문의 성장률이 결정되고 있다. 2001~2003년간 양호한 강우량에 따라 농업 부문이 전체 경제성장률 3~6% 상승을 이끌었다.

정부는 1973년 3월부터 경제개발 5개년 계획을 발표하고 외국인 농장을 소유할 수 있게 했다. 대서양과 지중해 연안 지역은 주요 농업 지역으로 밀·호두·과일·쌀·채소 등이 생산된다. 그 밖에 인산 비료의 생산량은 세계 6위이며, 올리브기름은 9위 순위를 차지하고 있다. 와인과 육류 등의 식품공업, 가공무역에 쓰이는 봉제업이 번성한다. 그 외에도 자동차 조립·정유·시멘트 등이 있으나 외국 자본과의 합작회사가 비교적 많다. 섬유공업과 식품가공업은 주로 수출품목을 생산하며, 수공업 중에서 카펫·모로코가죽의 세공은 예로부터의 전통을 자랑하는 중요한 수출품이다. 주요 무역 상대국은 프랑스, 스페인 등 서유럽국이다. 일본과는 수산물을 수출하고, 자동차를 수입한다. 관광자원도 풍부하여 외화수입을 크게 올리고 있다.

실제로 위에서 본 제마 엘 프나 광장이 생겨난 배경도 결국은 농업 때문이다. 즉, 마라케시가 도시로 성장할 수 있었던 것도 이 넓은 평원의 농업 덕분이다. 예전에는 외곽의 평원에서 농사짓는 사람들이 재배한 농산물을 제마 엘 프나 광장에 직접 들고 나왔다. 그 광장은 농민과 상인들이 거래를 했던 장터였다. 그렇게 그곳에서 사람들이 모이게 되자 공연도 하고, 음식도 팔고, 숙박업도 하면서 도시가 이루어졌다. 즉, 서양의 광장보다 더 많은 기능을 가진 복합문화 공간의 탄생이 바로 농업 때문이었다.

만년설이 덮이는 아틀라스 산과 사막 옆에 위치한 아름다운 땅 그 중에서의 가장 아름다운 오아시스의 도시가 바로 마라케시였다. 이 오아시스의 도시는 남부 모로코와 알제리에 이르는 상인들이 쉬어 가는 곳이자 이들이 만나 시장거래를 하던 곳이며, 오아시스를 중심으로 생겨난 마라케시 도시는 농업이 발달했다. 한여름 서 있기도 힘들 정도로 뜨거운 태양은 주변의 밀·보리·올리브·오렌지·선인장 등 열매들을 풍성하게 한다. 이 넓은 평야에서는 양·염소·소

등의 목축업이 성행한다. 텐트 유목생활을 하는 과거 전통 그대로의 삶을 살아가는 베르베르족들도 마라케시의 농업 발전에 한몫을 한다. 이들은 이곳의 농작물들을 황소·노새·낙타·말로 실어 나르고 사막에서조차도 소·양·염소들을 몰고 다녔다. 과거 100년 전에 이러한 농작물들이 사막을 건너 멀리까지 이동할 수 있게 도움을 주었던 낙타까지 마라케시가 농업의 중심이 되도록 한 여러 요소 중 하나이다.

현재 모로코 최대의 관광도시 마라케시가 형성할 수 있게 한 것은 농업이었고, 이러한 목축업과 베르베르족들, 오아시스를 주변으로 농업 발달로 시장이 형성되고, 시장을 중심으로 도시가 세워졌다. 여기에 끝없는 모래사막 사하라를 보러 오는 관광객들은 베르베르족의 삶도 경험하고 있다. 이곳을 거쳐 가는 이들은 눈물이 쏟아질 것 같은 수만 개의 별을 보면서 자고 유목 생활을 하면서 양을 기르고, 농사도 짓고 살아가는 것들을 간접적으로 느끼게 해 주기 때문이다. 과거 농작물을 싣던 사막의 낙타는 관광객을 태우게 되었다. 여전히 정착민들은 붉은 담과 돌로 만든 단층집에 살며 계절마다 옮겨 다니는 유목민들은 붉은 흙으로 저장용 창고들을 곳곳에 만들고 양털로 된 천막에서 생활한다. 베르베르 여인들은 그릇을 만들거나 천을 짜는 등 가사활동을 하고 있다.

2) 신재생에너지의 개발

모로코는 알제리 주변국에 비해 에너지의 개발이 절실한 나라이다. 전체 에너지 공급의 7%를 차지하는 태양에너지와 동일한 비율의 천연가스만이 개발 생산되고 있는 국가이기에 저렴한 석탄을 주요 에너지원으로 지속적으로 사용하고 있다. 이는 모로코 정부가 녹색성장전략, 태양에너지 개발전략, 인적자원개발 등에 초점을 두고 있는 이유이다. '아랍의 봄' 및 유럽재정 위기가 모로코 경제에 미친 영향으로 현재 모로코 정부가 추진하고 있는 정책의 방향과 경제를 이해할 수 있다.

현재 모로코는 원유의 97%를 해외에서 수입해서 에너지 대외의 존도가 높으며, 전기 수요 증가율이 연 7%를 기록하는 등 에너지 소비가 지속적으로 증가 추세에 있으며, 2020년이 되면 현재 사용량의 2배, 2030년에는 4배가 될 것으로 전망되고 있다.

모로코는 에너지 생산력 제고 및 비축량 확대를 위해 Kenitra 가스화력 발전소(300MW), Tarfaya 풍력발전단지(300MW), Ouarzazate 태양에너지 발전소(500MW) 등 발전소 건설 사업을 적극 추진하고 있으며, 재생에너지 활용을 통한 에너지원 다변화 정책과 에너지 효율성 증진 정책 등을 시행하고 있다. 또한, 발전소 건설과 더불어 에너지 보급 수준 및 수출입 용이성을 제고하고자 5,500㎞에 달하는 전기선을 추가 설치하여 송전망을 확대할 계획이다. 실제로는 주변 국가와 연결되는 송전망의 확대가 경제적으로 유리하다. 야간에 스페인과 알제리에서 전기를 수입하는 것이 생산 원료를 수입하여 직접 생산하는 것보다 저렴하다. 그러나 현재 송전망 미비에 따른 송전 시간대를 효율성 있게 고려하지 못한다. 이에 따라 고비용을 지출하고 있는 실정이다.

EU는 태양광 관련 기술은 우수하지만 기후 조건이 별로 좋지 않기 때문에, 이에 북아프리카 태양광 발전소를 설립하여 생산한 전기를 유럽으로 수입하는 프로젝트가 진행되고 있다. 유럽은 이 프로젝트를 통해 온실가스 배출도 줄이고 안정적으로 전기도 공급받으려 하고 있다. 최근 독일의 Desertec Industrial Initiative사는 중동 및 북아프리카 지역에 태양에너지 및 풍력 발전소를 건설하는 다국적 프로젝트를 추진하는 데 있어 모로코를 첫 번째 사업지로 선정한 바 있다. 이런 노력으로 모로코가 에너지 개발 사업의 재정확보에 따른 외국인 투자 유치를 적극 활용하고 있다. 이 프로젝트는 중동과 북 아프리카에서 생산한 전력으로 2050년까지 유럽 전체 전기 수요의 15%까지 충당하려 한다. 여기서 생산되는 전력은 해저케이블을 통 해 유럽으로 공급하는 프로젝트이다.

이는 국내 에너지 문제가 심각해지고, 국제적으로도 재생에너지 개발이 에너지 문제의 유일한 해결책으로 거론되고 있기에, 2020년 까지 전체 전기 생산량의 42%를 태양에너지(2,000MW)와 풍력 (2,000MW) 등 재생에너지로 생산한다는 계획을 수립하고, 이를 통 한 기술 발전, 고용 창출, 시장 개척, 녹색 성장 등의 효과를 기대하 고 있기 때문이다.

제2장 유럽과 해상의 교류-오로코

현재 서유럽에서는 스페인의 남단 타리파라는 항구도시에서 영국령 지브롤터해협을 45분 정도 항해 끝에 건너 아프리카 북부 항구도시인 탕헤르에 도달할 수 있는 가까운 거리다. 지브롤터(Gibraltar)는 지중해의 입구에 있는 이베리아반도 남부에 있는 영국의 국외 영토이다. 지브롤터의 면적은 6.8㎢이며 북쪽으로는 스페인의 안달루시아 지역과 접하고 있다. 이 지역은 기암 바위가 주요한 지형지물로 인구는 약 30,000명이 살고 있다.

1. 지브롤터 해저터널

유럽과 아프리카를 연결하는 해저터널이 만들어진다. 스페인과 모로코는 양국 사이에 놓인 지브롤터 해협을 잇는 터널을 건설하기로 합의했다. 모로코를 방문한 호세 루이스 로드리게스 사파테로 스페인 총리는 "유럽과 아프리카를 잇는 역사적인 프로젝트가 두 대륙의 성장과 발전을 크게 앞당길 것"이라며 "이 프로젝트를 완수하기 위해 필요한 노력을 다할 것"이라고 밝혔다.

2025년 완공을 목표로 하는 이 터널은 스페인 남단 타리파와 모로코의 탕헤르 사이 40㎞ 구간에 건설된다. 일본의 혼슈와 홋카이도를 연결하는 세리칸 터널(53.9㎞)과 프랑스~영국을 잇는 유로터널(50.4㎞)에 이어 세 번째로 긴 해저터널이다. 터널은 양방향 철로용 콘크리트 관 2개와 그 가운데에 놓일 서비스용 콘크리트 관 1개 등 모두 3개의 관으로 이뤄진다. 터널이 완공되면 스페인 마드리드에서 모로코의 탕헤르까지는 4시간여 만에 갈 수 있다. 연간 1,000만 명 이상이 이용하게 될 전망이며 이에 따른 경제 효과도 클 것으로 보인다. 설계는 스위스의 공학기술자 지오바니 롬바르디가 맡았다. 롬바르디는 알프스의 고타르 터널과 프랑스~이탈리아 간 몽블랑 터널을 설계한 바 있다.

지브롤터 해저에 터널을 건설하려는 구상은 1970년대 말부터 나왔다. 그러나 별다른 진척이 없다가 2004년 스페인에 호세 로드리게스 사페테로 총리가 이끄는 사회당 정부가 들어선 뒤 스페인과 모로코 관계가 개선되면서 구체화됐다. 스페인은 13일 후안 카를로스 국왕이 알제리를 방문, 경제 협력을 약속하는 등 과거 영국과 프랑스의 세력권에 있었던 북아프리카 국가들을 향해 적극적인 투자를 하고 있다. 그러나 30여 년 만에 역사적인 합의에 이르게 된 유럽~아프리카 터널은 아직 해결할 문제가 적지 않다.

우선 기술이다. 타리파~탕헤르 구간은 수심이 깊고 물살도 빠르다. 롬바르디는 "유로터널은 수심이 40m 정도인 데 비해 이번 구간은 최고 300m가 되는 곳도 있어 훨씬 어려운 작업이 될 것"으로 내다봤다. 지브롤터 터널은 또 유럽 판과 아프리카 판이란 두 개의 지각판 사이를 잇는 것이기 때문에 지각 변동이란 변수도 감안해야 한다. 공사비용도 만만치 않다.

이미 완공된 유로터널의 공사비용(150억 달러/약 14조 4,000억 원)과 비슷한 규모의 자금이 필요할 것으로 예상되지만 공사비를 어떻게 충당할지는 미지수다. 수익성 여부도 불투명하다. 유로터널의 경우 1994년 개통 이후 계속되는 적자로 운영업체인 유로스타가 파산 위기에 몰려 있다. 세이칸 터널 또한 일본 정부가 엄청난 보수비용을 들여가며 간신히 유지하고 있다. 스페인과 모로코 양국 정부는 아직 재원 마련에 대한 구체적인 언급을 하지 않고 있다.

2. 크루즈여행

모로코 대서양 앞바다는 최적의 크루즈여행지이다. 노르웨이의 추운 피오르드 협곡 사이를 향해하는 크루즈 여행과는 전혀 상반되는 느낌이다. 이곳은 아프리카 모로코 해안에서 100㎞쯤 떨어진 대서양 위에 불타는 화산섬들로 이루어져 있기 때문이다. 특히 신비한 카나리아 제도(7개의 큰 섬과 6개의 무인도)와 마데이라 제도는 찾는 이들에게 태초의 느낌을 주는 곳이다. 북유럽 사람들이 추위와 극야(해가 없는 기간)를 피해 11~4월 사이에 많이 찾는다. 그러나 모로코 북부지중해연안의 항구도시처럼, 불행히도 이곳은 모로코 땅이 아닌 스페인과 포르투갈령이다. 과거 콜럼버스가 1492년 150명의 선원을 태운 3척의 산타마리아호·니냐호·핀타호 범선이 이곳 카나리아의 서쪽 고메라 섬(Gomera)을 중간 기항지로 삼아 대서양 횡단해서 신대륙을 발견하였다. 19세기 카나리아 제도는 유럽과 미국을 연결하는 해저 통신 케이블의 중계지역이었다. 오늘날에도 카나리아 제도에서 미국의 플로리다로 연결되는 기착지이다. 현재 카나리아 제도는 스페인령이고 EU에 스페인이 속해 있어서 EU의 영향력에 있을 것 같지만, 실제로는 카나리아 지자체 정부가 별도의 부가세를 걷어 경제활동을 할 수 있도록 EU가 보장하고 있다. 단, 통화는 유로화를 사용하여 안정적이다.

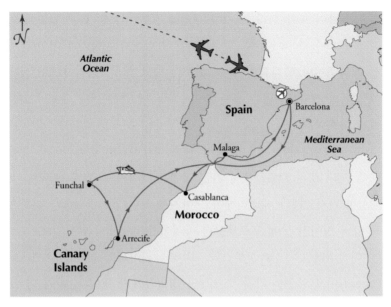

크루즈여행 루트

    스페인 전체 국립공원(13곳)의 1/3이 카나리아 제도(4곳)가 속해 있어 중요하면서 아름다운 자연유산을 지니며 2007년부터 유네스코 세계문화유산으로 등재된 국립공원 (Tenerife)이 있다. 매년 1천만 명 이상 관광객이 이 섬을 찾아온다. 따라서 카나리아 제도의 모든 경제의 중심이 관광산업이다. 그래서 대서양 해변가에서 화산이 폭발했던 섬으로의 크루즈 여행은 이색적인 경험이 준다. 1730년, 1824년 화산폭발로 현재의 지형이 되었고 1974년에 티만파야 국립공원으로 일반인에게 공개되었다. 일 년 내내 봄날씨의 일정한 기온이 온난하고 아름다운 꽃으로 뒤덮인 섬과 화산재로 수놓고 있다. 이 일대 화산 분화구 주위를 돌아보면 용암과 화산재가 바위와 흙 색깔을 물들였다. 지금도 흙이 뜨겁고 마그마 구멍 속에 마른 풀을

넣으면 불이 활활 탄다. 마그마 구멍에 물을 부으면 열과 압력에 의해 물이 하늘로 치솟는다. 원주민들은 간헐천의 물줄기와 지열로 생선 직화구이나 달걀요리 등을 해 먹는다고 한다. 이는 Teide 산은 여전히 화산의 움직임이 진행 중이고 세계에서 세 번째 규모의 화산이기 때문이다.

그러나 카나리아 제도의 여러 섬을 방문하려면 스페인에서 출발해야 한다. 또한 모로코에서 가는 방법은 그리 쉽지 않다. 이곳은 스페인령 란사로테와 테네리페이고 여기서 카나리아 군도에서 북쪽으로 멀리 떨어진 곳에 포르투갈령 마데이라(Madeira)섬이 있다. 수도는 테네리페섬의 산타그루스와 그란카나리아섬의 라스 팔마스(Las Palmas)이고 인구는 각각 약 221만 명과 191만 명이다. 마치 달 표면 같은 란사로테 섬은 카나리아 제도 동쪽에 위치하며, 과거 스페인 사람들이 운송수단으로 낙타를 들여와 섬에는 신기하게도 낙타가 많다. 또한 스페인 사람들이 16세기 카나리아 제도를 점령하면서 섬에 살던 예쁜 야생 새를 가져다 애완용으로 길들여서 키웠다. 이것이 유명한 카나리아 새로 알려진 섬이다.

처음 카나리아 제도에 정착한 원주민은 아프리카에서 건너온 것으로 추정되는 베르베르인의 관체족(Guanches)과 카나리오족(Canario)이었다. 현재는 카나리아 제도의 공용어는 스페인어로 1900년경 원주민의 약 80%가 문맹자로 고유의 삶을 영위하였으나 지금은 교육이 보급되어. 테네리페 섬에는 1710년에 설립된 라라그나 종합대학도 있다.

기록에는 북아프리카의 모리타니의 주바 2세 왕(Juba Ⅱ, 로마시대 B.C. 40년)은 카나리아 제도를 탐험하였다. 아랍인들(999년)이 그란카나리아(Gran Canaria)와 다른 2개 섬들과 교역했으며, 스페인

카스티야의 왕, 엔리케 3세(Enrique Ⅲ, 1404년) 시기에 카나리아 제도를 정복하고 식민지를 건설했다. 역시 포르투갈도 테네리페의 서쪽 작은 섬, 고메라(Gomera)를 점령했으나(1420년) 지금은 스페인령이다. 그 후 스페인은 카나리아 제도의 통치권을 획득(1479년 알카소바스 협정)하였다. 이제 카나리아 제도는 스페인의 자치령(1982년)이 되었지만, 카나리아 연합체(CC, 1986년)가 창당으로 카나리아 제도의 지배력을 강화했다.

비록 섬이지만 농업이 발달해 바나나·사탕수수·포도·아보카도 같은 아열대 기후의 과일들이 풍부하게 자라고, 주요작물은 바나나와 담배, 토마토 등이다. 낮은 산과 작은 분화구(칼데라)가 많으며 섬들 중 최고 해발은 라팔마(해발고도 2,326m)이고, 넓은 지역이 용암으로 덮여 있기 때문에, 마치 남미의 잉카인들의 계단식 농경지처럼 질서정연하지는 않지만 가파르게 경사진 화산지대위에 계단식 농지를 이용하여 곡물·채소·포도 등 여러 작물을 재배한다. 화산섬의 대표적인 제비꽃, 라일락꽃 등이외의 꽃들도 재배한다. 여전히 카나리아 제도 각 지역마다 오염되지 않은 자연의 환경과 다른 종의 동식물들을 볼 수 있다. 마치 아프리카 마다가스카르의 바오밥나무와 전혀 다르지만, 특이하게 생긴 약 250~365년 이상 된 El Drago Milenario나무와 하리아도마뱀, 갈까마귀, 갈매기, 코리섬새의 동물들과 300여종의 이끼류 등이 서식하는 독특한 자연환경 때문에 이곳은 지질학자·식물학자·동물학자·화산학자들이 즐겨 찾는 연구장소로 제공되고 있다. 또한 자연환경으로 생겨난 Achbinvico 석회암 동굴 속 예배당과 높은 종탑의 la concepcion 교회가 카나리아 제도에서 오래된 상징 건물이다.

제3장 모로코의 경제엔진

　모로코는 에너지(천연가스) 개발로 성장엔진을 추진하고 있다. 2025년 천연가스가 석탄을 제치고 제2의 세계 에너지원으로 부상할 것이라고 전망하면서, 최근 시추 기술의 발전에 따라 모로코가 보유한 혈암가스(shale gas) 개발 가능성도 높아지고 있다. 현재의 에너지 생산 원유 의존도를 낮추기 위해 다음과 같은 정책을 추진 중이다. 현재는 에너지 생산에 사용하는 석탄량이 연 300만 톤에 달해 총량의 34%를 차지하는 반면, 천연가스 사용 비중은 전체 7%에 불과하다. 급증하는 에너지 수요 대체에 에너지원 다변화 및 가격경쟁력 강화를 위해서는 경제성·안정성·개발용이성·환경보호 측면에서 모두 유리한 천연가스가 대안으로 대두된다.

　모로코는 Gharb 평야에서 Tanger까지 미래의 에너지인 혈암가스 혹은 셰일가스(shale gas)가 폭넓게 매장되어 있는 것으로 추정되고 있으며, 2011년 10월 모로코 석유광산청(ONHYM, Office National des Hydrocarbures et des Mines)이 캐나다 기업 East West Petroleum에게 Doukkala 지역의 탐사 및 개발권을 부여하였다. 가스운송비 절감을 위해 알제리-모로코-스페인을 연결하고 있는 가스수송관(Gazoduc Maghreb Europe)을 Jorf Lasfar까지 확장 계획 중이다. Jorf Lasfar 가스 터미널 건설 등 관련 인프라 확대 사업에 약 20억 유로가 소요될 것으로 예상되고, 천연가스 개발 인프라 구축을 위한 적극적인 민관 협력이 필요하다.

　참고로 모로코는 2020년까지 국가 전력 총생산량의 42%를 재생에너지(태양에너지·풍력·수력 각 2,000MW)를 이용하여 생산한다는 목표하에 발전소 건립 계획을 추진하고 있다. 특히, 태양에너지 분야에 총 90억 달러를 투자하여, 2020년까지 5개 발전단지 건설을 통해 총 2,000MW의 발전 능력을 보유할 계획을 추진 중에 있으며, 현재 1단계 사업으로 Ouarzazate 태양에너지 발전단지(총 500MW)의 건설을 진행하고 있다. ACWA Power International은 스페인의 전기엔지니어회사 TSK와 에너지연구소 Aries와 컨소시엄을 구성하며, 경쟁사에 비해 21% 이상 저렴한 전기 공급 단가[1.62 디르함(약 0.2달러)/kWh]로 공급할 예정이다. 견실한 재정능력과 태양에너지 분야에 풍부한 기술력을 갖추고 있다. 모로코태양에너지청(MASEN)은 Ouazazate 제1발전소 건설에 필요한 재정은 EU 집행위원회(3천만 유로), 독일 정부(1,500만 유로), 세계은행과 프랑스개발공사(Agence Francaise de Developpement)(2억 달러) 등으로부터 지원받고 있다.

제4장 지중해 끝의 오로교

　모로코는 석유 등 부존자원 개발이 적어 1인당 국민소득이 다른 중동 국가에 비해 낮은 수준이지만 약 3,200만 명(세계 38위)의 인구를 보유한 잠재력 있는 소비시장이며, 모로코 전체 외화수입의 80%를 카사블랑카의 관광수입이 차지하고 있고, 관광객을 통한 소비시장이 활성화되고 있다. 전체 GDP의 9% 비중을 차지하고 있는 관광 서비스산업이다.

　연간 수입규모는 290억 달러를 상회하여 아프리카 대륙에서 남아공, 이집트, 나이지리아에 이어 4위의 수입시장이다. 모로코는 수입의 대부분을 전통적인 공급처에 의존하고 있다. 구 식민종주국 프랑스를 비롯하여 스페인·사우디(원유)·미국(곡물)·이탈리아·독일 등 6개국으로부터 총수입의 60% 이상을 공급받고 있다. 특히 프랑스·스페인·이탈리아 등은 양국 정부 간의 경제 협력을 통한 USANCE(어음의 지급기한) 결제 조건을 수용하였고 단기 인도기간, 신속한 사후 서비스 등의 장점을 바탕으로 일부 특정 분야를 제외한 전체 수입시장을 장악하고 있다. 자본재부터 주류와 식품에 이르기까지 거의 모든 상품을 수입하고 있어 가장 개방된 시장 중 하나로 평가되고 있으나 수입 관세가 높아서 가격경쟁력이 현지 진출에 최대의 해결 방안이다.

1. 물류산업구조

프랑스 대형 유통마트 까르푸가 있고 프랑스어 사용 덕분에 유럽의 다른 대형마트보다 영업이 용이하다. 수요에 따른 공급가격이 결정되어서인지 동유럽에 비해 비싸게 판매되고 있다. 모로코 정부와 프랑스 대형 유통업체인 Auchan도 모로코 최대 민간기업인 ONA(Omnium Nord~Africain) 그룹은 모로코 북부 도시 테뚜안에서 향후 5년 동안 모로코 내에 25개의 슈퍼마켓과 8개의 대형 유통점 개설을 내용으로 하는 약 1억 5천만 달러 규모의 투자 계약을 체결했다. Auchan은 ONA그룹(왕실 소유)의 슈퍼마켓 체인인 마르잔(Marjane)을 운영하는 Cofarma사 지분의 49%를 보유하고 있다. 이 계획은 3,500여 명의 직접 고용을 창출할 예정이고, 2천여 명의 간접 고용효과를 가져올 것으로 보인다.

모로코 소매유통의 현대화(대형-체인) 비율은 12%에 불과하여 앞으로 빠른 성장이 예상되며, 이에 따라 대형 유통업계의 영향력 역시 커질 전망이다. 주요 대형 유통업계로는 SNI(Marjane, Acima), Aswak Asslam, Metro, Label'Vie, BIM Giant 등이 모로코 시장을 분할하고 있다.

카사블랑카에 있는 모로코 대형마트 마르잔도 국왕의 소유권 속에 있는 마트이다. 마트에는 다른 나라에 비해 싱싱해 보이는 생선들이 풍부하며, 모로코의 특산품인 대추야자·땅콩·향신료가 종류별로 있다. 돼지고기가 안 들어간 햄 종류와 신선하고 고소한 유제품도 유명하나 이슬람 국가에서 금기시하는 포장된 돼지고기도 구입할 수 있다. 100% 아르간오일은 모로코에서 많이 사 가는 제품으로 한국에 비해 저렴하기 때문이다.

Marjane은 모로코 최대의 대형 유통체인으로 카사블랑카에 3개, 라바트에 2개, 마라케시와 아가딜에 각각 1개 등 모로코 내 7개의 체인점을 이미 운영하고 있으며, 모로코 북부도시 탕제에 8번째 체인점을 설립하여 2002년 4월 개장을 위한 기공식을 거행했다. 모로코 대형 유통체인은 Marjane 외에도 독일계 METRO 계열의 MAKRO 및 현지 업체인 Aswaq Assalam이 있으며, 최근 스페인 Superdiplo 소유인 Supersole이 라바트와 카사블랑카에 매장을 개점하였고, 동 회사는 2005년까지 41개의 매장을 모로코에 설립할 예정이다. 이같이 모로코 유통시장은 외국계 기업의 투자 등으로 최근 큰 신장세를 보이고 있는데, 이는 외국기업들의 모로코 소비시장의 잠재력에 대한 낙관적인 평가 전망을 반영해 진출을 서두르고 있는 것으로 분석되고 있다.

모로코에는 최근까지 전통시장인 수크(SOUK) 및 소규모 상점이 유통의 주류를 이루고 있고, 슈퍼마켓 체인이 발달하지 않았던 상황이지만 슈퍼마켓 및 대형 할인점을 통한 구매가 점차 증가하고 있는 실정이다. 이러한 슈퍼마켓 체인점의 증가로 인해 모로코 내 유통시장의 변화 및 확대가 예상된다.

이 같은 유통업체의 대형화로 과거 계열사와 국내에서만 물품을 조달하던 형태에서 벗어나 각 유통체인은 가격 등 경쟁심화로 외국으로부터의 직수입도 증가하는 추세에 있다. 여전히 한국기업 제품들의 대형 할인점이나 슈퍼마켓 진출은 삼성·LG 가전 등의 판촉에 의한 일부 품목에 국한되어 있기 때문에 유망 품목의 모로코 진출 시 Marjane과 같은 현지 대형 할인점을 대상으로 한 직접 마케팅이 필요한 시점이다.

카사블랑카는 상업의 중심지이자 유통 중심지로 전자제품·의류·가구·귀금속 등 전문 유통점이 생겨났다. 카사블랑카 해안가에는 대형 쇼핑몰인 Morocco mall이 2011년에 개장하였고 여기에 2012년 12월 스타벅스 등도 입점해 있다. 프랑스의 3대 백화점 중의 하나인 라파예트에는 유명 브랜드들이 입점하고 있다.

실제로 대형 유통 체인인 METRO(독일 Metro AG계가 설립하여 2010년 프랑스 Carrefour market label'Vie에 의해 인수됨)와 Marjane이 주요 도시인 카사블랑카·라바트·페스·마라케시 등에 설립되어 운영되고 있으며, 지역 주민들이 애용하는 Acima, Label' Vie와 같은 하이퍼마켓과 슈퍼마켓이 주요 거리마다 있다. 프랑스·스페인·독일·이탈리아 등 유럽에 대한 수입의존도가 높은데 유럽 업체들, 특히 프랑스는 지리적 이점뿐 아니라 문화적·역사적·언어적 이점을 갖고 있는 것이 주원인이다. 모로코가 1987년 EU에 가입을 신청했을 정도로 EU와 전통적으로 경제협력관계를 중시하며 무신용장(D/P, D/A) 무역 거래가 일반화되어 짧은 인도기간과 신속한 고객서비스 등의 우위를 지니고 있는 지역이다.

모로코 북부의 스페인령 Ceuta, Melilla(세우타, 멜리야)를 통한 관세 회피를 위해 밀수품이 유입되어 모로코 국내 시장이 왜곡되고 있다. 이러한 지하시장은 국내 제조업체의 생산활동 저해와 외국 투자자

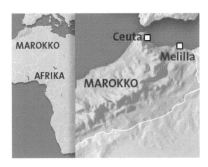

모로코해안의 스페인령(세우타, 멜리야)

들의 투자기피를 초래한다. 지하경제가 GDP의 50%를 차지할 정도로 크며 정부의 밀수 단속에도 불구하고 단기적 근절이 어려워서 2013년 시작한 모로코와 EU 간 FTA(자유 무역협정)는 관세철폐 등으로 밀수를 감소시키는 효과를 볼 것이다.

현재는 중국이 경공업 제품의 저가시장을 점유하고 있고, 중산층 증가와 경제성장으로 소득 수준 상승은 중-고가 시장에서 한국 가전제품 및 자동차 판매가 확대될 전망이다. 2012년 기준으로 빈부격차는 점차 심화되고 있으나 아직까지는 고가·고급제품의 경우 소비층이 얇다. 농기계 관련 산업자재의 수요가 늘고 자동차부품과 같은 수리를 위하여 관련 부품들의 수입 수요나 중고품이 증가한 상황이다.

2. 유럽유통산업의 형성과정

앞서 언급하였듯이 모로코는 현대적인 시설과 규모를 갖춘 대형 유통매장이 1995년에 진출하여 18년이 되었으며 2005년부터 프랑스 유통업체인 AUCHAN이 투자한 ACIMA가 서민 밀집 지역을 중심으로 상권을 확대해왔다. 이러한 유럽의 대형매장이 확대됨에 따라 도·소매상 간의 유통단계가 모로코 국내의 전통적인 상거래 구분이 단순화되어, 모로코의 유통 산업 현황은 대형 할인유통매장, 소규모 다단계의 중간상인과 전통적인 재래시장 수크가 있다.

2007년 6월 모로코 정부의 라와즈(Rawaj)계획 발표는 현대식 유통·물류 시스템을 도입·확산하여 내수경기의 활성화와 고용확대를 도모하였다. 2020년까지 유통산업의 GDP 비중을 20%로 확대하고 45만 개의 일자리를 창출하기 위해 모로코 정부는 유통개발기금

(Fonds pour le développement de la distribution) 9억 디르함을 조성하였으며, 중소 유통업체, 자영업자, 프랜차이즈업계 등에 집중 지원하고 있다. 이러한 지원에 힘입어서 유통 현대화로 인해 지역 상권을 중심으로 프랜차이즈 산업이 빠른 성장세를 형성하였다. 2009년 기준으로 의류(29%), 외식(11%), 미용(7%), 가구(6%) 순으로 프랜차이즈 산업이 집중 분포되어 있으며, 국별로는 프랑스 브랜드가 49%, 모로코 16%, 미국 11% 순이다.

신용카드 사용과 온라인 전자상거래의 규모가 증가함에 따라, 2011년 모로코의 온라인(인터넷) 상품·서비스 구매액은 5억 1,300만 디르함을 기록했다. 인터넷 결제서비스 수도 71만 4천 회 이상으로 이 수치는 2010년 대비 116% 증가한 것이다. 전체 결제 수의 44%가 통신료, 전기, 수도세 지출에 이용되었고 인터넷 쇼핑 31%, 여행상품 구입 18% 순이며 인터넷 행정서비스(E-Gov)가 7%(2011년 시행)를 차지한다. 온라인 구매의 증가는 은행카드 결제를 주관하는 모로코 은행공동결제센터(CMI)가 확대되어 이에 대한 가맹점 수가 증가하고 있다.

제5장 해외투자 유치와 경제협력

모로코 카사블랑카 해변을 따라 남쪽으로 내려가면 아가디르 (Agadir) 해변에 다다르기 중간쯤에 에사우이라(Essaouira) 해변이 있다. 마라케시(해가 지는 도시)에서 가장 가까운 서쪽에 위치한 에사우이라 해변에서 모터사이클을 타고 해변을 달리다 보면 지중해가 아닌 대서양의 깊은 경치를 느끼게 한다. 이곳의 해변모래는 사막모래와 구분하기 어려울 정도로 아름답다. 이미 북쪽 지중해 해변은 스페인령에 속한 두 곳이 포함되어 있어 대서양 쪽이 집중 개발되었다. 이들 수천 마일에 달하는 해변들은 지난 15년간 관광객 유치를 위해 노력해왔다. 관광수입이 모로코 외화수입에서 차지하는 비중에서 가장 크다. 모로코 대서양의 6개 해변이 관광휴양지로 개발되어 52억 달러 이상이 투자되었다. 이외에도 사막과 어우러진 설산 등까지 연계한 관광개발은 2000년 중반 이후부터 상당한 외국인 투자를 유치하게 되었다.

반면에, 모로코-EU 간 관세인하 협정에 따른 관세인하 여파로 외국계 생산조립공장이 철수하는 현상이 나타났다. Goodyear, General Tire, Steel case 등이 수입관세 인하에 따른 생산조립공장 철수를 결정하였다. 유럽계 기업들은 모로코의 지정학적 입지여건과 저렴한 인건비 등의 이유에서 현지 생산조립공장을 운영해왔으나, 유럽산 제품에 대한 관세가 철폐되고 있어 현지생산품의 가격경쟁력과 수익성이 낮아짐에 따라, 수입유통 활동에 주력하였다.

모로코 정부는 생산시설 투자유치와 고용확대에 정책적인 노력을 기울이고 있으며, 향후 단순 생산조립시설뿐만 아니라 고부가가치 신산업 분야의 투자유치를 확대해 EU와 북미 지역에 대한 수출거점으로 육성하고 있다.

'아랍의 봄' 등 북아프리카와 중동 지역 정세불안에 따른 투자심리 위축에도 불구하고 모로코는 주변 국가들에 비해 양호한 외국인 투자 실적을 보였다. 모로코의 외국인직접투자(FDI) 유치는 2006~2007년 수준을 회복했으며 중동 지역에서 터키에 이어 이스라엘과 비슷한 수준을 유지하고 있다. 2010년 하반기의 모로코 FDI의 경우, 'Crédit Mutuel'은 BMCE 증자를 위해서 22억 디르함을 투자했으며, 'France Telecom'이 Méditel 지분인수를 위해 70억 디르함을 투자(+170%) 등 GCC 국가로부터의 투자가 선호하고 있으며, 영국의 투자는 오히려 크게(-290%) 감소했다.

마그립 지역 안보 협력을 저해하는 요소는 나라마다의 상이한 이해관계를 내세우기 때문이다. 실제 모로코와 알제리는 서사하라 문

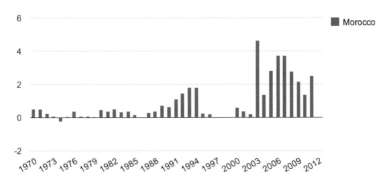

자료: 세계은행, 2013

모로코의 GDP 대비 FDI 비율(1970~2012)

제를 둘러싸고 합의를 이루지 못하고 있어 협력관계를 구축하기가 어려운 상황이다. 모로코는 서사하라를 흡수 병합시키려 하는 반면, 알제리가 서사하라에서 독립된 국가를 세우려는 폴리사리오 전선(Polisario Front)을 지원함으로써 양국은 적대관계에 놓였다. 알제리는 튀니지의 안보 능력에 대한 의구심을 드러내고 튀니지는 초크리 벨리아드 암살 사건에 알제리 출신 단체가 연관되어 있다는 의혹을 제기하면서 양국 관계가 더욱 악화되었다.

제6장 모로코 에너지의 경제이해

모로코는 주변국과 달리 유일한 비산유국으로 알려졌으나 1998년 소량이지만 원유 매장량이 확인되었다. 그러나 현재 소비 에너지의 95%를 수입에 의존하고 있으며, 주요 수입 에너지는 원유·가스·석탄 등이다. 이에 따라 모로코 정부는 신재생에너지·원자력 등 에너지원의 다양화를 꾀하고 있다.

소량의 원유 매장량을 발견한 이후 모로코 정부(ONHYM, l'Office National des Hydrocarbures et des Mines/광물공사)는 원유 탐사 및 개발을 위해 해외 투자 유치 및 기술 협력에 박차를 가하고 있다. 모로코의 원유 매장량은 107만 배럴, 천연가스는 600억cf 정도로 나타났으며, 원유 매장량 중 2/3 이상은 해상에, 나머지 1/3은 내륙에 위치하고 있다. 실제 모로코 동부 알제리 국경 인접지인 TALSINT 지역에 15~20억 배럴의 원유 및 가스가 22년간 자급 가능한 매장량으로 확인되었다. 또한, 해상 지역에서는 Essaouira 분지 해상권, Bharb 분지 해상권에 집중되어 있는 것으로 알려지고 있다. 모로코는 현재 외국기업 28개 사가 내륙 및 해양에서 석유탐사 작업을 추진 중에 있다. 매장량 500억 배럴(세계 6위)로 예상되는 원유를 함유한 역청의 개발도 계획하고 있다.

현재 모로코는 석유자원에만 의존하는 경제 체제가 되지는 않기 때문에, 신재생에너지에 중점을 두고 있다. 이 가운데 가장 발달해 있는 풍력발전설비는 전체 설비의 2% 수준에 불과하지만 2004년부터 남부 지역을 중심으로 보급되기 시작한 주택용 태양광 발전설비와 2008년 100MW급의 태양광발전을 갖추고 있다. 모로코의 발전설비는 화력 65.2%, 수력 23.9%로 구성되어 있다. 발전량은 수력발전량이 강우량에 따라 심한 편차를 보이고 있어 발전 형태별 발전량의 비중은 매년 변동이 심한 편이다. 모로코는 2000년대에 접어들어 풍력발전 등 신재생에너지의 설비를 공급하기 시작하였으나 아직까지 신재생에너지의 발전설비는 전체 전력설비의 2%에 불과하다. 주변국인 알제리와 스페인으로부터 매년 전력 부족분을 공급받고 있으며 동 공급량을 확대하기 위해 기존의 송전망을 확장할 계획을 가지고 있다. 외국과의 송전선 연결(스페인·알제리)을 통한 모로코·스페인은 800MW에서 1,400MW, 모로코·알제리는 440MW에서 1,700MW로 확장하고 있다.

1. 마그레브의 성장요소-전력

국외에서 생활하다 보면 현지의 생활비(물가)에 관심을 갖기 마련이다. 그중에서도 냉난방과 전기밥솥을 비롯한 전자기기들의 사용으로 전기요금과 가스의 비중이 크다. 한국처럼 저렴한 전기요금에 비해 기타 여러 나라는 전기사용이 쉽지 않고, 특히 기본요금이 비싸기 때문이다. 모로코의 전기 요금은 에너지 부족 국가로서 유럽의 스페인 등에서 전기를 매입해야 하는 처지이기 때문이다.

모로코 정부는 원전도입을 추진하고 있는데, 1980년대 초 원자력발전소 건설을 위해 프랑스의 핵연료 타당성조사기관인 SOFRATOME에 의뢰한 바 있으며 국제원자력기구(IAEA)와 협약을 체결한 바 있으며, 2008년 10월에는 GNEP(Global Nuclear Energy Partnership)

에 가입하였다. 원전의 수주는 기술이나 참여조건보다 정치외교적인 측면의 비중이 높으며, 특히 모로코와 같은 제3세계의 경우에는 주변국과의 관계를 매우 중시하고 있다. 이에 따라 정치외교력이 우세한 프랑스와 러시아 사이의 경쟁이 예상되나, 상대적으로 높은 건설비용이 문제이다. 캐나다는 해외진출 경험을 보유하고 있으나 자본투자가 불리하며, 러시아는 국가가 적극 지원하여 해외진출 경험을 보유하고 있다. 그러나 자본투자가 불확실하다. 한국은 우수한 운전실적, 최단 건설공기, 낮은 건설단가 등을 제시하나 정치외교적인 영향력이 미흡하고 지리적·문화적·산업적인 전략이 불리하다.

모로코 전력청은 2015년까지의 전력수요는 연평균 6% 증가할 것으로 예측하고 있다. 에너지 광물부는 2020년까지 전체 전력생산에서 신재생에너지가 차지하는 비중이 20%에 달할 것이며, 모로코의 전력수요가 연평균 6% 정도 증가하면 2015~2020년의 전력수요는 35TWh에 달할 것으로 전망된다. 이러한 전력 수급을 맞추기 위해서는 약 6,000MW 정도의 신규발전설비가 필요한 것으로 알려지고 있으나 모로코 정부는 공공 부문뿐만 아니라 민간 부문의 참여 활성화를 통해 해결할 수 있을 것이다.

2. 마그레브의 성장요소 −어업과 양식 개발

대서양과 지중해연안을 동시에 어우르는 모로코는 해양 양식업을 개발하기에 최적의 지리적인 위치에 속해 있다. 현재 양식어업 분야는 여전히 미흡한 기술과 산출량을 내고 있지만, 모로코 정부는 2020년까지 약 20만 톤의 양식어업과 관련 제품 생산을 목표로 하고 있다. 이를 위해서 스페인의 양식기술센터(Ctaqua, Aquaculture Technological Centre)와 해양과학기술센터(Cetecima, Marine Science Technology Centre)는 모로코 국립양식개발청(ANDA, National Agency for Aquaculture Development)으로부터 모로코의 양식 개발을 강화하기 위한 사업을 수주하였다. 양국의 양식센터로 구성된 컨소시엄은 모로코에서 바다양식에 관한 개발 및 운영 안이 만들어지길 원하고 있다. 이러한 프로젝트는 모로코의 Dakhla와 Cintra 항만, Qued Eddaphab Lagouira의 지역의 개발에 집중되어 있다. Ctaqua는 이 사업은 양식업의 적지임을 밝히고, 규제법규를 마련하여 양식 관련 업체들과 행정부서들이 바다 양식에 관한 제반 방안을 개발하게 했다. 양식개발 계획 프로젝트는 연안지역 일원에서 세부 양식사업과 이에 따른 제반 분쟁문제에 대한 세부사항들에 기초가 된다. 선박의 운항, 어업활동 및 전통적인 어장, 다이빙, 관광, 그리고 바다에서의 여가활동과 산업지역 등이 모든 계획에 포함되어 있다. 이에 더하여 사회경제, 생물 및 해양학적인 측면과 환경요인들도 아울러 고려하여 조성한다.

양식 컨소시엄은 모로코국립수산연구소(INRH, National Research Institute of Fisheries of Morocco)와 협력하여 변화하고 있는 환경요인들을 다룬다. INRH에는 해저 및 다양한 생물과 모로코 연안의 해양환경 특성을 알고 있는 전문가들도 참여하였다. 이 프로젝트 연구사업은 지속가능한 모로코 양식업을 유지하는 데 크게 기여하였다.

최근에 양식업 이외의 모로코 정부와 EU집행위원회는 2013년 모로코의 수도 Rabat에서 4년간의 새로운 어업협정 연장을 위한 협정서에 서명했는데 이는 EU의 126 어선들(대부분이 스페인 선적어선)

의 조업을 허용하는 내용이다. 이번 협정은 소형 어선단에서 상업어
선단 수준까지 6가지 조업선단 범주들을 개발할 것을 포함한다. 이
새로운 어업협정은 EU로 하여금 연간 4,000만 유로의 입어료(모로
코 수산자원의 이용 보상금)로 모로코가 받게 된다. 이 금액 중 약
1,000만 유로는 스페인 선주들이 지불한다.

제7장 미래의 이머징 경제

현재 모로코는 국왕이었던 Hassan의 재산이 400억 달러 이상일 정도로 빈부의 격차가 심하다. 대부분 상위 부유층은 경찰과 군부세력으로, 정치적으로 이들은 부를 축척해온 것이다. 거리에 있는 벤츠와 BMW가 이들의 소유이고, 화려한 저택들로 둘러싸여 있는 것을 보면, 전체 인구의 65% 이상이 최저생계비 이하로 살아가는 나라로 보이지 않는다. 실제로 빈민 판잣집을 쉽게 찾아볼 수 있으나, 이곳의 거주자들은 해외근로자인 가족들이 이들에게 송금하는 금액으로 살아간다. 모로코 대서양의 어족자원은 유럽시장을 위해 어획되어 수출되고 있다. 어떻게 보면 유럽기업들을 위한 저임금 체제의 생산지인 섬유가공업과 이들을 위한 관광개발 등으로 생활해가고 있는 실정이다.

겉으로는 빈부의 차이가 성경의 부자와 나사로 이야기처럼 보이는 나라지만 앞으로 복지나 정치문화가 선진화되면 잠재력이 높은 나라이다. 대부분의 개발도상국은 자국의 전통문화와 역사적인 배경들을 제거하면서 개발하고 새로운 건물이 세워지지만 모로코는 급격히 발전하면서도 자국 문화를 지키고 있다.

☆ 모로코 여행정보

a. 기후

평균기온이 겨울 15도, 여름 24도의 쾌적한 기후이다. 그러나 모로코의 태양빛은 무척 강하고 바다 바람이 불어 자외선 차단제를 수시로 바르지 않으면 피부 화상을 입을 수도 있다.

b. 공항

○ 카사블랑카 국제공항인 모하메드 5세 공항은 서부 아프리카 제1의 국제공항으로 유럽과 남부 아프리카를 잇는 교통의 요충지로 손꼽히고 있다. 모하메드 5세 공항으로 국내선과 국제 항공편이 연결되며, 북아프리카에서 가장 현대적인 공항으로 터미널 1, 2로 나눠진다. 공항 내에 은행, ATM, 가게, 카페, 약국, 렌터카 대여 등이 입점해 있다. 수하물 카트는 무료이다.

○ 마라케시(Marrakesh)는 두 번째로 큰 국제공항이며 여러 유럽의 수도와 직항로로 연결된다. 일부 저가항공편인 국제선으로 라바트(rabat), 아가디르(Agadir), 우아르자자트(Ouarzazate), 페스(Fes), 탕제(Tangier) 공항 등이 이용된다.

c. 여행 시 테러의 주의

○ 현재 테러단 및 조직적인 범죄 단체의 행위는 없지만 2011년 중부 도시 마라케시의 유명 카페에서 폭탄이 터져 외국인 관광객 11명 등 14명이 목숨을 잃었다. 모로코 전역에 걸쳐 치안 상태는 비교적 양호한 편이며, 외국인들의 여행 또는 생활에

큰 불편은 없다. 2012년 모로코 내무부는 국가의 안정을 뒤흔들려는 "암약하는 테러 세포 조직들"을 발견, 분쇄했다고 보도했다.

모로코와 자치권을 주장하는 폴리사리오 사이의 분쟁으로 여행이 통제되고 있는 서부 사하라 지역을 제외하고는 관광 등 외국인의 여행에 통제를 받지 않는다. 서부 사하라 지역은 모로코의 실효적 지배하에 있으나 폴리사리오가 계속 독립을 주장하고 있는 분쟁 지역이기 때문이다. 이로 인해 1980년부터 서부 사하라 지역에 매설된 지뢰를 제거하고 있으며, 2011년 Oued Draa 지역, Oued Saguia El Hamra 지역, Oued Eddahab 지역에서 수만여 개의 대전차지뢰 및 대인지뢰를 제거하기도 했다.

○ 모로코는 비교적 평온한 곳으로 알려져 있으나 과거 모로코에서도 4건의 테러가 발생했고, 2003년 5월에는 카사블랑카 폭탄테러가 발생해 45명의 목숨을 앗아갔다. 2004년 마드리드에서 200명 이상의 사망자를 낸 열차 테러는 GSPC(Salafist Group for Call and Combat, 북아프리카 이슬람 알카에다의 전신 조직)의 모로코인들이 관련되었다.

○ 그 외에 대체로 테러는 위험하지 않으며, 주재국의 빈부격차 심화, 청소년 인구증가에 따른 실업률 증가 및 경제침체 등에 따른 사회 불안요인이 상존하고 있으며, 대도시 외곽 지역에서 절도 등 잡범이 다소 발생하고 있는 추세이므로 야간 여행이나 혼자 여행 시 주의해야 한다.

☆ 출입국 심사 및 통관

○ 모로코 공항의 출입국 심사가 매우 까다로워서, 평균 1시간 정
  도 줄을 서서 대기하며 여권심사를 거쳐야 한다.

○ 모로코는 사증면제협정(관광비자 면제협정)으로 비자 없이 90
  일간 관광 목적으로 입국이 가능하다.

○ 카사블랑카 국제공항 지하에 시내로 연결되는 전철이 1시간
  간격으로 출발한다. 다른 공항에서는 택시(grand taxi)를 타고
  시내로 이동해야 한다.

제3부
튀니지

튀니지의 가볼 만한 곳들

제1장 역사 속 지중해의 나라

튀니지는 북아프리카 마그레브(서방 땅의 끝) 3국인 튀니지·모로코·알제리 가운데 가장 작은 나라다. 튀니지는 유럽과 가깝고 북쪽은 지중해, 남쪽은 사하라사막으로 둘러싸여 있고 한반도 크기의 3/4 면적에 수도는 튀니스이다.

북아프리카의 파리로 불리는 튀니지의 수도인 튀니스는 인구 213만 명이 모여 사는 대도시다. 과거 7세기에 세워진 이 도시는 20세기로 넘어오는 동안 프랑스가 점령하여 프랑스 문화가 많이 퍼져 있다. 수도 튀니스는 유럽풍의 낡은 트램을 타고 바라보며 바닷가를 따라가면 아름다움과 도심의 정취를 느낄 수 있다. 트램이 시내 중심을 지나가기 때문에, 메트로(우리가 아는 트램을 여기선 메트로로 불림)는 고풍스러움과 빈티지의 모습으로 오래된 과거를 떠올린다. 경전철로 보이는 신형과 구형의 트램이 도심을 어울려 오가고 있다.

튀니스는 파리로부터 직수입한 제품들이 가득하며, 서양인 관광객들과 튀니스 청춘들은 유럽풍으로 둘러싸인 도심에서 여유로움과 낭만으로 가득 차 있다. 이슬람 국가 중에서 일부다처제를 인정하지 않는 나라이며 공휴일도 금요일이 아닌 일요일로 정하고 있다. 유행을 아는 서양여인들처럼, 부르카(얼굴을 감싸는 천)도 하지 않고 민소매 차림의 여인들도 흔하게 볼 수 있다.

도시는 부르기바 대로의 길 끝 위에 있는 프랑스 문(French Gate)[1]

---

1) 이 문은 동양지역과 유럽지역을 가르는 분기점이라는 상징적인 의미를 갖는다.

을 경계로 튀니지 구시가지의 중심인 메디나와 신시가지를 구분 짓고 있다. 18세기 이전에는 메디나가 도시의 중심이었기에 그 속에 오래된 유적지와 박물관이 있고 프랑스 문을 지나면 이슬람 사원인 하무다 파차 모스크(Mosque Hamouda Pacha)와 이를 중심으로 그 주변에 전통시장인 수크, 음식점 등이 형성되어 왔고 메디나 주변은 높은 성벽으로 두르고 있어 외적의 침입을 막았다. 그러나 19세기에 성벽을 헐고 신시가지를 조성하면서 메디나는 축소되었다. 제대로 된 성벽으로 둘려 있는 메디나를 보려면 스팍스(Sfax)로 가면 볼 수 있다.

1. 카르타고-환상의 왕국

과거 고대역사 때부터 경제지리학적으로 매우 중요한 위치여서 지중해의 패권을 다투었던 번성한 왕국이었다. 많은 관광객들은 여전히 카르타고와 고대 페니키아인들이 지중해 무역을 독점하던 해상교역지인 그 밖의 도시들을 찾는다. 카르타고인(Carthaginians)은 현재 레바논의 타이어(Tyre) 지역에 거주한 위대한 상인인 페니키아인(Phoenicians)으로, 아시라인(Assyrians)의 세력에 밀려 그들 입맛을 만족시키기 위해 은광의 경로를 발견했고 카디스(Gades: Cadiz, Spain)와 같은 몇몇 도시를 건설했다. 하지만 가장 큰 유산은, 지금 튀니지를 식민화한 것이고 그 명성은 선조보다 더 빛났다.

수도의 북쪽에서 약 20㎞ 거리에 있는 카르타고는 튀니지만을 중심으로 기원전 9세기경 페니키아인이 건설한 도시국가이다. 기원전 6세기부터 지중해의 무역 강국이었다. 이에 경제적 번영을 누렸으나, 그 후 지속적인 지중해 해상 패권을 위해 로마와 싸우다가 포에

감마르뜨 언덕에서 바라본 카르타고의 풍경, 멀리 박물관이 보인다.

니[2] 전쟁을 끝으로 로마에 점령당하면서 도시는 폐허가 되었고 이후 완전히 파괴된 도시를 아우구스투스가 재건하여 북아프리카와 지중해의 상공업의 중심지로 번영하게 되었다. 그러나 이 지역 (Archaeological Sith of Carthage)은 5세기경에는 반달족의 침입을 받았다가 다시 698년 이슬람의 침입으로 도시는 파괴되어 역사 속에서 완전히 사라졌다.

그 당시 도시국가 카르타고의 역사를 보면, 카르타고는 지중해의 패권을 놓고 로마와 혈투를 벌이고 있었다. 로마군에게 공포의 대상이었던 명장 한니발(Hannibal)의 조국 카르타고였다. 아버지 하밀카르 바르카(고대 카르타고의 군인 정치가로 바르카 가문의 지도자)는 1차 포에니 전쟁에서 로마에 패배했다. 한니발은 아버지가 스페인에

---

2) 포에니(Phoenica)라는 말은 라틴어로 페니키아인 또는 카르타고를 지칭한다. 성경에서는 두로 왕국과 시돈이며, 상업과 무역을 발달시켜 최초로 화폐를 사용했고, 알파벳을 개발했다.

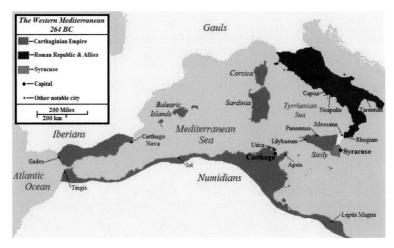

카르타고제국과 로마제국의 패권(시칠리아 섬 교전)

데려가서 이른 나이부터 로마인들이 저지른 만행을 경험하면서 반감을 갖고 성장해왔다. 그는 훌륭한 장군이 되어 35,000명의 병사와 30여 마리의 코끼리를 이끌고 북아프리카로부터 스페인의 피레네산맥을 넘고 프랑스를 가로질러 알프스도 넘는 전쟁을 감행했다. 한니발은 지속적인 승리를 거두면서 남하하였으나 바로 수도 로마를 공격하지 않았다. 이는 로마가 한니발과의 교전을 피하고, 도시를 굳게 지키는 방식으로 전환한 이유이기도 하다. 그는 이탈리아 남부로 내려가서 칸네 지역에서 로마군대를 섬멸하였고 칸네 전투에서 대승으로 기원전 215년 마케도니아의 필립 왕과 동맹을 맺게 되었다. 본국의 지원 없이 현지에서 군대를 모집하면서 전체 로마 지역 전투에서 승리를 거두었으나 한니발은 철수하게 되었다. 그러나 결국은 카르타고 남서쪽 자마(Zama)에서 벌어진 전투에서 로마의 스키피오 장군에게 패하였다. 기원전 146년 로마의 마지막 공격으로 카르타고 국가는 1주일간 불에 타 역사에서 사라졌다.

그 당시의 카르타고 경제는 무역으로 번창 속에 있고, 기원전 3세기 전반까지 지중해의 서부 지역에서 최강의 세력을 형성하였고, 상업무역 활동으로 성장한 귀족의 세력이 국가에 이바지하였다. 지중해 연안을 장악하고 있던 카르타고 도시국가는 풍부한 광물 자원을 확보할 수 있었다. 페니키아 이후에 서부 지중해의 식민지와 아프리카와 스페인의 대서양 해안까지 확산과 성장은 많은 등 원래 페니키아 무역 도시인 두로와 시돈으로 카르타고의 영역이 되었다.

6세기에 카르타고인들은 지브롤터해협 너머 식민지를 구축하였다. Larache에 있는 모로코 해안의 남쪽과 카디스(Cadiz)에서 북쪽까지(여기서 이미 Phoenicia에서 정착민에 의해 설립 도시를 정복)이르게 된다. 그리고 훨씬 더 멀리까지 무역하였다. 식민지(Phoenicians)는 전체 대륙을 걸쳐 항해한 것처럼, 첫 번째 바다 여행 내내 아프리카 에사우이라 근처에 있는 지금의 모로코 아프리카 해안에 설립되었다. 카르타고의 동전은 아 조레스 제도와 영국에서 발견된다. 이는 영국 콘월의 주석 광산, 스페인 남부의 금, 은과 구리, 카디스의 중요한 상품을 영국과 교역을 통해 가져온 광물이다.

서부 지중해의 경제 권력에 대한 카르타고의 주요 경쟁사는 가장 가까이 이웃한 시칠리아 해협으로 분리되어 있는 시칠리아의 그리스인들이다. 기원전 409년부터 1세기 동안 시실리를 통제하기 위해 카르타고인(Carthaginians)과 그리스 사이에 거의 지속적으로 전쟁이 있었다. 기원전 275년에 Carthaginians에게 우위가 넘어갔다. 그 때까지 육지에서 강한 세 번째 세력인 로마는 카르타고보다 저조하였다. 이미 언급했듯이 카르타고와 로마 사이의 제3차 전쟁까지 카르타고가 놀라운 성공을 거두었다.

하지만 결국은 Carthaginians에 재앙으로 끝이 났다. 이 길고 잔인한 충돌의 마지막 사건은 로마 군대와 함대에 의해 카르타고의 공격으로 막을 내린다. 그러나 도시의 방어가 너무 강하여, 포위 3년 동안 지속되는, Carthaginians의 저항은 필사적이었다. 카르타고는 결국 거의 다 굶어 죽었을 무렵에 항복하게 되어, 기원전 146에, 250,000의 인구는 50,000으로 감소되었다. 그러나 생존자는 노예로 팔려가게 되었다. 이 도시는 공격 이후 17일 동안 불타고, 땅이 사라지고 염은 고랑에 뿌려졌으며, 저주는 집이나 작물도 다시는 여기에서 자라지 못하도록 했다.

파괴의 강박관념에 사로잡힌 열풍은 로마의 꼬리에 독침과 같았다. 그들은 나중에 이 전략적인 위치에 새로운 도시를 세웠을 땐, 그 저주가 잠재적인 정착민에 대한 심리적 장애물의 일부였음이 증명되었다. 카르타고 지역에 로마 식민지를 개척하는 첫 번째 시도는 기원전 122에 25년 내에 이루어졌다. 그곳은 시작부터 불길한 곳으로 여겼다. 이로 국경의 표시를 로마에서 30년 안에 그 계획은 포기했으나 새로운 식민지가 율리우스 카이사르에 의해 제안되었다. 그의 죽음 후에는 콜로니아 줄리아 카르타고로 알려진 한 로마인의 도시 개발로 변화했다.

기원후 1세기 중반까지 카르타고는 로마제국의 절반인 서쪽에서 두 번째로 큰 도시(로마 이후)이며, 북쪽 아프리카에서 번영한 로마 지역의 허브였다. 로마의 침략이 나일 강을 따라 대륙의 더 남쪽까지 이르게 했던 이집트의 지역을 연결하기 전에 이 지역은 농업의 풍부하고 현재의 모로코, 알제리, 튀니지와 리비아의 북쪽 부분을 따라 계속해서 해안선을 이루게 되었다.

카르타고는 기독교 역사에서도 중요한 부분을 담당했다. 그리스도인의 가장 가슴 아픈 순교는 젊은 카르타고의 여성이다. 그녀는 카르타고의 귀부인으로 초대 교회의 순교자인 페르페투아는 노예의 임산부였다. 카르타고 원형경기장에서 경기 시작 전날에 딸을 낳고 참수당하고 다른 사람들은 맹수에 의해 죽음을 당했다. 이후로 313년에 도시는 콘스탄티누스 황제의 밀라노 칙령으로 초기 기독교설립에 커다란 논란이 되었다.

439년 스페인에서 남하한 반달족은 반달의 Gaiseric 왕, 기독교인 에리안에 의해 카르타고는 멸망한다. Gaiseric은 자신의 거점인 카르타고에서 서부 지중해를 지배하고, Carthaginians가 한때 그랬던 것처럼 시칠리아, 사르데냐(Sardinia), 코르시카와 발레아레스 섬을 부속시키고, 455년에 이탈리아를 침공하여 로마에 이르러 많은 보물(Titus 황실의 약탈과 예루살렘에 있는 사원에서부터 4세기 이전에 가져간 것들까지 포함)을 운반하였다. 이런 2주간의 체계적인 카르타고 군대의 약탈은 황후와 그녀의 두 딸도 인질로 데려갔다. 반달족(Vandals)은 로마제국을 침범한 게르만족의 일파이다. 독립국가인 반달족 왕국은 로마(Rome)의 옆구리에 가시처럼 거의 1세기 동안-533의 비잔틴 탐험에 의해 파괴될 때까지-지속되었다.

비잔틴 황제, Justinian은 도시의 복원을 명하고 그것의 마지막 이름을 지었고(Colonia Justiniana Carthago), 자신과 초기 율리우스 카이사르의 참전을 기념했다. 북아프리카는 아랍 정복으로 끝이 난다. 이집트의 하산 이븐, Noman의 총독은 698년에 비잔틴과 카르타고를 점령하고 이 지역을 완전히 파괴하였다.

그러나 지중해 해안에서 이 전략적인 위치는 너무나 중요해서 내버려둘 수 없었다. 고대 카르타고의 남쪽에 있는 다른 도시는 약간 성장하고, 오늘날 이곳은 수도 튀니스로 번영하였다. 카르타고 유적에서 차로 30분을 달리면 튀니스가 나온다. '비루사' 언덕 위에 세워진 카르타고는 지중해를 내려다보고 있다. 이 언덕 위의 카르타고 박물관에는 페니키아인들의 유물들이 소장되어 있는데 어린이용 석관이 있다. 페니키아인들이 그들의 신 '바알'과 '타니트'를 위해 어린아이(사산아)를 제물로 바쳤던 것으로, 이 토페트 구역은 카르타고 귀족이 어린아이를 매장했던 곳이다.

이곳을 거점으로 남쪽으로 아프리카 해안 방향으로 황금해안으로 알려진 카메룬, 가봉에 이르고 그곳에서 금, 상아, 노예, 전쟁용 코끼리를 실어 왔다. 카르타고에서 생산한 많은 광물은 본국 주물 공장뿐 아니라 동부 지중해의 헬레니즘 세계로 운송되었다. 제1차 포에니 전쟁 전 수세기 동안 동쪽과 서쪽을 잇는 해운업은 사실상 카르타고가 독점했다. 지중해 서부에서 그리스 선박이 지나가면 대부분은 격침되었다. 이런 정책 덕분에 카르타고 상인들은 그 지역 내에서 저렴한 비용으로 생산한 상품들을 독점으로 판매할 수 있었다. 카르타고의 제품 중 자유 시장에서 경쟁력을 갖춘 제품은 직물, 특히 자주색으로 염색 가공한 직물뿐이었다. 카르타고산 직물은 지중해 세계 전역에서 호평을 받았다.

카르타고인은 과학적 영농에, 특히 노예들을 이용한 플랜테이션 집단 농장의 발달에 이바지했다. 로마인들은 이들에게서 대규모 노예 노동력을 이용하여 판매용 단일 곡물이나 단일 산물을 재배하는 기법을 배웠다.

카르타고에서 2,5km 위쪽해변, 시디 부 사이드 언덕해변

2. 카르타고의 경제

　카르타고(Carthaginians)는 근본적으로 항해 국가였지만, 카르타고
의 역사에서 가장 유명한 사건은 지상 여정이었던 것이 아이러니하다.
그들의 함대가 지중해를 지배하고 무역으로 시칠리아, 사르데냐
(Sardinia)와 사이프러스에 있는 식민지의 건립을 통해 풍요를 누렸다.
　이곳의 풍부한 인적 자원으로 말미암아 한니발로 하여금 기원전
218년의 겨울 피레네산맥과 알프스를 넘는 것을 가능케 했다. 오랜
기간에 걸쳐 스페인을 거쳐서 북쪽에서 침공한 것은 놀라운 사건으
로 간주된다. 하지만 아프리카에서 이탈리아를 넘어 짧은 바다를 건
너지 않은 주요 이유는 그때에 로마인들이 지중해의 주인으로 카르
타고로 대체되었기 때문이다. 해군이 강한 카르타고가 해전에서 이
길 줄 알았는데, 육군이 주력인 로마가 급조한 해군 군사력으로 카
르타고를 이겼다. 카르타고 함선은 해상민족 고유의 배 외관을 중시
하여 설계하였고 로마 함선은 실질을 중시해서 설계된 까마귀

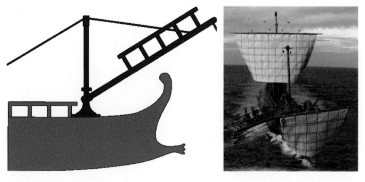

코르부스를 이용한 공격

(Corvus, 코르부스)라는 기상천외한 신 기계를 사용하여 전쟁에서 승리했기 때문이다.

이 카르타고의 경제도 해상무역에서 외관을 중시하는 문화였다. 카르타고 사람들과 북아프리카 민족 간의 거래방식(페니키아의 침묵거래)이 특이하다. 이들은 천재적인 장사꾼들이었다. 배를 타고 아프리카 해안에 도착한 카르타고인들은 싣고 온 물건을 바닷가에 내려놓은 다음, 다시 배를 타고 바다로 나아가 연기를 피워 신호를 보낸다. 그러면 연기를 보고 몰려든 사람들이 물건을 가져가고 대신 적당량의 금을 놓아두는데, 얼마 후 해안으로 되돌아온 카르타고인들은 금의 양을 확인하고 만족하면 그냥 가져가고, 부족하다고 생각하면 만족한 양의 금을 줄 때까지 배로 돌아가서 기다린다. 이 과정은 카르타고인들이 정확한 가격이라고 만족할 때까지 계속되었다.

서로 어떠한 의사소통도 없이 진행되는 침묵의 거래로 이것이 바로 최초의 교환이라고 할 수 있다. 고대 카르타고인들의 교환은 거래하면서 금의 양을 조정함으로써 시장의 기능을 하였던 것이다. 결국 노동의 결과물을 나누는 과정에서 자신들의 필요량보다 더 많이 만들고 각자 맡은 분야의 전문가가 되면서, 서로 모르는 부족들과도 필요하다면 거래를 시작했다.

3. 카르타고에서 자본과 그 세력

재정적인 견지에서, 카르타고는 고대의 국가들 중에서 모든 면의 첫 번째를 차지한다. 그리스의 첫 역사가의 증언에 따르면, 펠로폰네소스 전쟁(Peloponnesian war) 기간에 이 페니키아 도시는 모든 그리스 국가보다 재정상의 우위에 있었다고 한다. 폴리비오스(Polybius)는 세상에서 가장 부유한 도시라 했다. 지적인 카르타고의 농업 활동 성격은 후에 로마처럼 장군들과 정치인들이 과학적으로 실습하고 가르쳤다. 카르타고 마고(Mago)의 농경법은 후세 그리스, 로마의 농부들에게 보편적으로 합리적 농업활동의 기본방식으로 사용되었다. 농경 법은 그리스어, 라틴어로도 로마 원로원에 의해 편집되어 이탈리아 내의 공식적인 토지소유자들에게 추천되었다.

페니키아식 경영은 토지와 자본의 구별은 특징이자 밀접한 관계를 이룬다. 누구도 그가 철저히 경영할 수 있는 이상으로 땅을 얻을 수 없을 것이라는 것은 페니키아 농업의 선도적 격률로 인용된다. 그 당시 국부(國富)의 원천이었던 말, 황소, 양, 염소 등은 리비아의 노마드 경제에서 고려해볼 때, 다른 모든 토지보다 능가했었다. 이는 카르타고인들에게 엄청난 이득이 되었다.

토지 이용 기술 면에서 로마가 이를 배웠듯, 그들은 대개 속민들에게도 이러한 기술을 알려주는 선용을 베풀었다. 이 덕택에 카르타고는 간접적으로 유럽 최상의 지역이 되었고 부유하여 어떤 작물에선 비카시티스(Byzacitis)와 시르티스(Syrtis)에서 월등히 생산적이었다. 또한, 이들은 북아프리카 지역에서 임차료를 걷었다. 카르타고에서 항상 고결한 것으로 간주되었던 상업과 상업을 번영케 했던 운송과 제조업은 이곳 정착민들에게 해마다 자연적으로 많은 이득을 얻게 했다.

주피터 신전, 미늘바 신전, 스베이트라

그리고 광활한 영역이 계속해서 커지면서 독점체제는 전 외국인 뿐만 아니라 서(西)지중해의 내륙 교역 전반과 동서 이동교역까지 기술적으로 더더욱 단일한 카르타고 항구에 집중되었다. 카르타고의 과학과 예술(art)은 훗날 로마에서 그랬듯, 주로 헬레니즘적인 영향에 의존했었다고 보이지만 영향을 준 것이 확실하다. 훌륭한 페니키아 문학이 있었고 도시 정복시기에 예술의 보고가 되었다. 사실상 카르타고에서 만들어진 것이 아니라 시칠리아 사원과 여러 도서관에서 운반되어 온 것이었다. 우수한 문학은 주로 농경법과 지리학 서적들이었다.

이 시대 카르타고가 아마도 제국하의 로마의 수준까지 이르렀고 카르타고 내의 헬레니즘의 문화로 철저한 실제적 전환에 대한 증거로 보인다. 어떤 개념은 적어도 공공수입이란 원천에서 살펴보면 다

음의 사실들로부터 알 수 있다. 카르타고의 엄청난 전쟁비용과 조직
체계에도 불구하고 국가 재산관리에 대한 부주의하고 원칙 없는 행
정에도 불구하고 그 속민들로부터 관세수입(customs-revenue)이 지
출을 감당할 정도였고 직접세는 시민들에게 징수되지 않았다.

제2차 포에니 전쟁 이후 국가가 이미 무너진 시기에도 로마에 대
한 48,000파운드의 연공(年貢)에 대한 현금 지출과 세금 징수 없이
단순한 재정의 엄격한 관리에 의해 조달할 수 있었다. 14년의 평화
기간 이후에도 카르타고는 36번의 남은 연공을 즉시 채울 수 있었
다. 하지만 카르타고의 재무행정의 우월성을 방증하는 것은 단순히
그 전체 수입만이 아니다.

이렇듯 그 시대의 선진화된 경제 원리를 다른 모든 고대의 주목할
만한 국가들 중 카르타고에서 찾을 수 있다. 외국 채권에 대한 언급
과 통화 제도상의 실제 가치 없는 금과 은(金銀)에 대한 명목화폐는
고대 다른 곳에서는 쓰이지 않는 여러 통화 등에서 발견할 수 있다.
실제 카르타고 정부가 상업적 측면에서는 어느 국가보다도 매우 탁
월했다는 증거이다.

700여 년간 로마제국과의 투쟁 끝에 기원전 2세기경 멸망한 이후
튀니지는 로마제국, 비잔틴제국, 오스만터키제국의 지배를 거쳐 19
세기에는 프랑스의 보호령이 되기에 이른다. 프랑스와의 독립협상을
통해 1956년 3월 20일에 독립을 성취하고 1959년 튀니지 독립의 아
버지 부르기바가 초대 대통령에 취임한다. 튀니지는 육지 면적의
29.5%가 농경지, 18.6%가 목초지, 3.4%가 삼림지대로, 남쪽은 사하
라사막 지대로 북아프리카에서는 가장 좋은 자연환경을 갖추고 있
다. 또한, 지중해의 쪽빛 푸름을 이고 있는 아름다운 해변부터 사막

의 오아시스 등 흥미로운 장소가 즐비하다.

엘 젬(El Jem : 수스에서 스팍스가는 중간사이)에 있는 북아프리카에서 제일 규모가 큰 원형극장과 경기장이 존재했고 극장은 35,000명을 수용할 수 있는 규모이며 3세기경 건축의 확장일로에 서 있던 당시 로마제국의 장대함을 보여주고 있다. 12~16세기경 튀니지는 이슬람 세계에서 가장 강대하고 부유한 도시 중 하나였고 700여 개의 기념물들(궁전, 능묘)은 튀니스 메디나(Medina of Tunis)의 화려했던 과거를 대변해준다.

스페이트라, 로마의 신전, 침례탕

제2장 아프리카 속의 유럽

튀니지는 유럽에 와 있는 느낌이면서도 유럽과는 다른 분위기의 묘한 매력을 지니고 있는 나라이다. 이는 지중해, 아시아와 유럽, 아프리카의 문화가 만나는 길목에 있기 때문이다.

튀니지는 선진 유럽제국과 지리적으로 가까운 이점과 벤 알리 (Ben Ali) 대통령 집권 이후 이룩한 정치·사회적 안정에 힘입어 천혜의 관광자원(기후·햇빛·해변·사막 등)과 오랜 문화유산, 그리고 잘 발달된 도로망 등을 이용, 적극적인 관광개발 사업을 추진하여 북아프리카, 중동 국가 중 최대의 관광국으로 부상하고 있다. 습도가 높은 지중해성 기후인 튀니지의 북부 지방은 로마 시대에는 '로마의 곡창'으로 여겨졌을 만큼 비옥하다. 북서부는 초원지대와 풍요로운 농촌 풍경이 이어지고, 남부의 스텝지대에는 올리브 등 작물이 재배된다. 여기에 알제리의 사막지대로 이어지는 지방은 대추야자가 여기저기서 자라고 오아시스의 아름다운 풍경이 이어진다. 이렇듯 조그마한 나라에 다양한 기후가 존재하기에 더더욱 매력적인 나라가 바로 튀니지다.

지중해의 북아프리카에 위치해 있으며, 한반도 2/3 정도 면적으로 인구 천만 명이다. 3000년 역사 속에서 카르타고·로마·비잔틴·아랍·스페인·터키·프랑스 등 침략의 역사와 이슬람 문화 속에 섞여 있는 다양한 유럽문화와 이질적 정서들이 남아 있다. 과거와 현재의 시간들이 묘하게 조화를 이루고 있는 나라이다. 과거 속에 여러 문화가 녹아 있어 다분히 유럽적인 튀니지로, 수많은 유적지가 세계 유산 보존지로 유네스코에 등록된 나라이다. 튀니지는 아프리카에서 가장 안전한 나라이며 방문객들은 특별한 위협이나 불편함을 느낄 필요가 없다.

1. 튀니지의 자연과 경제개발

튀니지는 지중해가 국경의 약 40%를 접하고 있으며 북쪽 위로 사르디니아(Sardinia)와 코르시카(Corsica)와 북동쪽에 몰타(Malta)와 시칠리아(Sicily)가 위치해 있다. 북부 튀니지는 전형적인 지중해성 기후로 덥고 건조한 여름(6~8월)과 온화하고 습기 찬 겨울(12~2월)로 구별된다. 튀니지의 온도는 32도까지 올라가고 6도 이하로는 내려가지 않는다. 북서쪽의 산악지방에서는 가끔씩 눈이 오지만 남쪽에 가면 건조하고 덥다. 연간 강우량은 북부의 1,000mm에서 남부의 150mm까지 차이가 크지만 사하라사막의 일부 지역은 몇 년간 비가 내리지 않는다. 지형은 해발보다 17m 낮은 쇼트 엘 카르사(Chott el Gharsa) 지역도 있으며 제벨 참비(Jebel Chambi)는 1,544m로 가장 높다.

가장 많은 비가 내리는 곳은, 특히 북서쪽 크루미리에(Kroumirie) 산맥, 또는 북부 튀니지로 5월부터 10월 사이에 비가 오는 계절이다. 이 지역은 상록활엽수의 일종인 털가시나무와 코르크나무가 숲을 이루고 있다. 12월 겨울이 되면 거리 노상에서 파는 붉은 열매가 있는데 이 때문에 불리게 된 하얀 꽃들로 울창한 딸기나무가 이색적인 풍경이다. 텔아틀라스(Tell Atlas)의 산맥에서 작은 평원까지 알레포 소나무들이 눈에 띄며 튀니지에서 사바나는 부 헤드마(Bou

Hedma) 국립공원의 숲을 끝으로 사하라사막이 펼쳐진다.

남쪽으로 내려갈수록 나무가 점차 사라지고 평원들에는 아프리카 풀들이 곳곳에 자라며, 더 내려가면 풀조차 없는 사막과 오아시스가 나타난다. 튀니지에는 과거 한니발이 전쟁에 사용했던 코끼리나 사자들이 존재했으나 현재는 모두 멸종되었다. 로마 시대에 콜로세움에서 사육했고 바르바리 사슴과 가젤 영양 등이 있었다.

북쪽 산림에서는 흔하지 않은 야생 멧돼지, 몽구스, 아프리카산 고슴도치, 사향고양이 등이 있다. 남쪽에는 게르빌루스 쥐, 여우, 산토끼, 다람쥐 수슬릭 등이 있으며, 과거 사막에서 흔했던 아프리카 여우도 현재는 찾기 어려우나, 사막의 바라니드나 뿔 달린 북살무사, 전갈 등은 비교적 쉽게 발견할 수 있다. 튀니지의 새들은 200여 종 이상이며, 조류 중 철새인 황새를 비롯해 매·독수리 등과 딱새·비둘기·섭금류·물새 등이 있다. 새들이 살기에는 기후가 알맞은 지형이며 보통 관광지에서 쉽게 다양한 새를 볼 수 있다. 이치클(Ichkeul) 국립공원과 같은 곳이나 북부 휴양지에는 여러 종의 새들이 많다.

2. 튀니지의 오아시스, 소금호수 로드

여행자들이 튀니지에서 사하라사막을 찾아가다 보면, 튀니지와 알제리 국경 부근에 비가 거의 오지 않는 사막의 장엄한 협곡들을 볼 수 있다. 여기서부터 남쪽으로 멀리 과거에 바다였던 호수, 쇼트 엘제리드(chott el-Deride) 지대로 연결된다. 이 광활한 사막 위에 소금 호수와 소금밭(saline playa, 웅덩이에 소금 등의 염류 퇴적물이 모인 염류평원), 소금기둥이 있으며, 진흙지대, 사막 등도 함께 어우러져 있다. 소금호수(The Chott El Jerid)는 평평하고 마른 소금호수로 튀니지에서 가장 큰 규모로, 호수의 크기는 대략 5,360 ㎢ 이상이고 소금의 두께는 50㎝이다. 식용으로는 사용할 수 없고 모두 제설제로 스위스에 수출하고 있다. 나는 실제 물을 볼 수 없는 소금지대에서는 눈이 아파서 뜰 수 없을 정도였고, 눈부신 흰 표면이 반사되어 사진을 잘 찍기가 불가능하였다. 반대로 대부분 주위가 진흙투성이로 물이 가득 찬 소금호수는 석회와 소금바위로 표면 일부가 응축되어 나타나 사진에 담기가 쉽지 않았다.

이 광대한 소금사막에 다다르기 전에 대낮의 사막 열기로부터 휴식을 취할 수 있는 빼곡히 내려뜨린 종려나무들의 그늘을 발견할 수

소금호수 두즈도시에서 사하라사막으로 들어가는 길

있다. 이 작은 지역에 튀니지 남서쪽의 오아시스 마을, 네프타(Nefta)가 있다. 아직도 관광개발을 할 곳이 많은 네프타 지역에는 4개의 호텔뿐이다. 과거 네프타는 사막 민족인 베르베르인의 본거지이기도 하며, 현재 이슬람 수피즘(Sufism)의 본원지로서, 종교적으로도 중요한 의미를 지닌 마을이다. 수피즘은 지역에 시적이고 신비한 차원의 분위기를 더해 준다고 해서 신비주의 종파로 불린다. 그 덕분에 이 지역은 사하라 전역을 잇는 무역 중심지가 되었고 여러 다양한 문화권의 사람들이 오가면서 독특한 음식과 문화가 형성되었다. 현재도 베르베르인들의 생활은 마치 중앙아시아 유목 민족들처럼 바닥 위에 카펫 대신 천을 깔고 음식을 놓고 먹는다. 여기 튀니지의 베르베르족 여인들은 아주 매운 양고기 국을 곁들여 식사를 한다. 튀니지에는 라마단 때에 꼭 빠지지 않는 알제리와 같은 튀니지 전통음식으로 브릭(brick) 말고도 베르베르인이 즐겨 먹었다는 쿠스쿠스도 있다. 브릭은 일종에 으깬 감자, 달걀, 허브와 파슬리, 참치 등이 들어간 튀긴 만두라고 보면 이해가 쉬울 것 같다. 그런데 전통음식의 특징은 매운 양고기 국이다. 국에는 토마토소스와 양파, 콩, 허브, 향신료 등에 아주 매운 고추와 올리브를 넣어 만든 전통음식으로 양고기대신에 사슴고기나 소고기를 넣느냐에 따라 조금 맛이 다르다. 이를 베르베르인들은 로마, 터키, 아랍, 페니키아 등 다양한 문화로부터 식재료로 사용되었을 뿐이었다. 그래서 튀니지 음식은 이웃 나라와는 달리 한국처럼 매운 맛이 특징이 되었다.

또한 주변 지역인 사하라 사막 관광도시 토져(Tozeur)는 조지 루카스 감독의 영화 '스타워즈 에피소드 2(새로운 희망)와 4(클론의 반격)'의 주 배경지가 되었던 곳으로, 소금 사막의 평원이 펼쳐지면

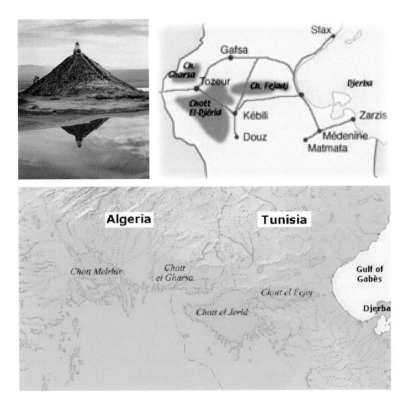

소금 호수

서 현재도 남아 있는 영화 세트장으로 여행객을 모으고 있다. 위쪽의 모스에스파(Mos Espa)에서 조금 더 가면 영화 '잉글리쉬 페이션트'의 촬영배경으로 쓰였던 웅크 주멜(Ong Djemel)도 있다. 이곳은 지각이 변동(융기)하여 소금호수가 된 신비로움과 사막협곡들이 어우러져 영화의 배경 장소로 손꼽힌다.

제3장 튀니지의 경제엔진-무역로

1. 무역거점 도시(유로존의 최대 파트너)

로마가 패망시킨 이후 카르타고인들을 말살하려고 과거 한때는 로마보다 경제력이 우월했던 카르타고는 로마가 소금을 뿌려 철저히 파괴시킨 도시가 되었다. 그 당시 도시는 겹겹으로 뿌려진 소금으로 인해 풀 한 포기 자라지 못했다고 한다. 한때 지중해 무역을 독점하던 세력이었고 전략적 요충지였다. 한니발의 숨결을 느낄 수 있는 비르사(Byrsa) 언덕에서 보면 세인트루이스 성당 오른쪽 지중해를 배경으로 돌기둥과 흙벽만 남은 카르타고 유적지가 펼쳐져 있다. 영광의 시대를 지나 흔적만 남은 유적을 보니 기원전 146년에 사라진 도시가 보인다.

현재 튀니지 경제의 두 가지 주요 원동력은 수출과 가계소비이다. 수출은 저렴한 임금으로 하청생산을 통해 재수출하는 offshore 방식으로 진행되어, 이 분야에 외국의 투자가 활발하다. 이는 1987년 벤 알리 대통령 이후, 시장원리에 입각한 경제체제를 근간으로 경제구조조정에 역점을 두고, 무역장벽완화·투자규제 제거·물가자유화·금융시장개방·공기업 민영화 등 경제자유화와 시장개방을 표방한 경제정책을 추진하고 있다.

투자유치의 선호조건으로는 첫째, 정치사회안정, 둘째, 수출업체에 대한 세제혜택, 셋째, 유럽시장에의 진출이 용이함을 들 수 있으며, 부정적 요인으로는 첫째, 행정 관료주의, 둘째, 낮은 생산성, 셋

비르사언덕의 카르타고 유적과 성당

시디 부 사이드 언덕 주택들

째, 사업관리 능력 부족, 넷째, 높은 운송비용, 다섯째, 경직된 노동
법(유연성 문제)이 주요 장애요인이다. 이를 위해 튀니지 정부는 관

료주의적인 행정을 제거하고 있으나, 오랜 행정관행의 급격한 변화로 인한 체제안정 저해 및 고용불안정 등 개혁이 쉽지 않다.

2011년도 튀니지 외국인 투자는 1,711백만 디나르로 2010년도 2,418백만 디나르 대비 29.2% 감소한바, 이는 2011년에 추진 예정이던 대규모 프로젝트 및 공기업 민영화의 중단에 기인한다. 148개 외국기업의 신규 진출 및 기존 투자기업의 투자 확대로 10,839개의 일자리가 신규로 창출되었다. 그러나 2010년 15,329개 일자리 창출에 비해 29.6% 감소한 수준이다. 한편, 182개 진출기업이 철수하여 10,930개의 일자리가 사라졌다. 50여 개 기업은 시민혁명 이후 기업 내부 불안으로 상당한 어려움을 겪고 있으나, 최근 영업환경 개선으로 투자기업의 어려움도 완화 추세이다. 또한, 가계소비는 신용대출로 인한 미결제신용잔고의 증가로 심한 가계부채를 겪고 있다. 2012년 전체 실업률은 18%이나 청년실업률은 20% 이상인바, 이는 젊은 층의 증가, 대졸실업자 양산, 숙련근로자 수요와 공급의 불일치, 상대적으로 낮은 교육의 질 등에서 기인한다.

튀니지 GDP는 농업 11.4%, 공업 28.8% 및 서비스산업 59.8%로 구성되어 있고 무역의존도가 80%를 상회하는 대외의존형 경제구조를 보이고 있으며, 전체 교역의 77%가 프랑스·독일·이탈리아 등 유럽 국가에 편중되어 있다. 경상수지는 만성적인 적자 상태 [-$3.57billion(2012 est.)]를 보이고 있는데, 수출 $17.87billion(2012 est.), 수입 $23.49billion(2012 est.)으로 이는 튀니지가 원자재와 경공업제품을 주로 수출하는 반면, 소비재와 생산재료 대부분을 수입에 의존하고 있기 때문이다.

2012.1월 수출액은 1,776백만 디나르로 2011년 1월 대비 2.6%

증가하였다. 농업 및 식료품 부문은 42.2%, 전기 부문은 33.7%, 직물·의류·피혁 등 부문은 17.5%, 기타 제조업 부문은 32% 각각 증가하였다. 원유 등 에너지 부문은 66.9%, 인산염류 부문은 67.8% 급감했으며, 특히 인산염원료 수출은 전무(2011년 1월에는 750만 디나르 수출)하다.

튀니지 경제는 그간 장기간에 걸친 개혁·개방정책의 성과가 가시화되면서 90년대 들어 안정적인 성장세를 유지하고 있다. 특히, 1996년 이후 전 세계적인 경기침체에도 불구하고 5~7%의 높은 성장세를 견지하면서 2004년에는 경제성장률 6%를 달성하고 금년 (2006) 중에는 5.8%의 성장을 목표로 하고 있다. 그 결과 2000년에는 개인당 국민 소득도 3,380디나르로 북아프리카에서 제일 높은 편이었고 실업률이 13.9%이고 실업인구가 45만 명에 달하였다. 현재 튀니지는 제9차 경제사회개발 5개년 계획(1997~2001)에 이어 제10차 경제사회개발 5개년 계획(2002~2006)을 추진했고, 이 계획은 건전재정의 기조하에 고용기회의 창출과 국민생활조건 향상, 매년 7%의 수출신장 달성, 국민저축의 증대 및 재정적자요인 발생억제에 역점을 두었다.

그러나 현재 지역 간 개발의 불균형 문제는 Sidi Bouzid, Kasserine, Thala 등의 중서부 내륙지방에서 사회불안의 가장 큰 원인이 되고 있다. 인구와 경제활동은 주로 북동부(튀니스 주)와 중동부(스팍스 주)에 집중되어 있으며, 이들 연안 지역은 비농업 부문 일자리의 75%가 집중된다. 또한, 공공투자의 65%가 연안 지역에 집중되고 내륙 지역은 공공투자 부문에서도 외면을 받아온바 보건, 교육 등 공공서비스의 질도 악화된 상태이다.

튀니지의 최대 경제파트너인 유로존은 2013년 -0.1%의 경제성장이 예상되지만, 튀니지는 자체평가 2013년 4.5%로 전망한다. 리비아 사태도 유동적이며, 이란 위기로 인한 원유가 급등 가능성 등 상황이 가변적이다. 국내적으로는 2011년에 경제침체(-2.2% 경제성장)로 재정적으로도 어려움에 직면했었다.

2. 국가 경쟁력

자유시장경제로 2008년 EU와의 FTA를 전면 발효하였다. 세계경제포럼(WEF)이 발표한 2011년 국가 경쟁력 평가에서 튀니지는 142개국 중 40위를 기록하였다. 2010년보다 8단계 하락한 순위이며, 아프리카 지역에서는 1위를 고수하고 있으나 아랍 지역에서는 3단계 하락하여 7위를 기록하였다.

제4장 지중해의 자원 오아시스

오아시스는 종려나무를 보면 알 수 있다. 황량한 사막이라도 종려나무가 있는 곳은 어김없이 물이 있고 마을이 들어선다. 오아시스 마을은 모래폭풍과 직사광선을 피하기 위해 골목을 좁게 만든다. 오아시스에 마을이 들어서고 생명의 땅으로 유지되기 위해 필수적이다. 이렇듯 천연자원은 튀니지의 오아시스처럼, 경제성장의 원동력이면서 제한적이다.

또한, 천연자원 개발은 지속되고 있으며, 한번은 석유오일이 나올 줄 알고 시추를 했다가 온천이 나와, 온천물을 식혀서 농업용수로 이용한 사례도 있다. Kebili Hot Spring-Cooling System을 이용하여 온천물의 온도가 섭씨 75℃ 정도로 뜨거운 물을 위로 올렸다가 떨어지게 해서 약 45도 아래로 식혀서 농업용수로 쓰고 있다.

이처럼 튀니지의 부존자원을 개발하려는 시도와 그 현황을 살펴보면, 튀니지는 산유국으로서 석유가 여전히 주요 수출품목으로 되어 있으나 수출고에서 석유의 비중이 1985년 42%에서 2004년 7.7%로 낮아지는 추세를 보이고 있다. 2011년 현재 생산량은 70,480bbl/day(2011 est.)이며, 수출은 65,960bbl/day(2009 est.), 24,580bbl/day(2009 est.)이다. 이와 함께 국내 소비가 증가하고 있어 2004년에는 4억 디나르 상당의 원유와 11억 디나르 상당의 정유제품을 수입하여 향후 석유 순수입국으로 전환될 가능성이 높을 것으로 예상되고 있다. 이에 따라 추가유전 개발을 위해 국영석유회사(ETAP)가 6개 주요 외국회사와 합작으로 30개 지역을 탐사해왔다.

NZOG(New Zealand Oil & Gas)는 2011년 6월 Gabes만의 1,236㎢에 이르는 지역 석유탐사권(Prospecting Permit)을 2년 기한으로 획득하였으며, 3백만 달러를 투자하여 탄성파탐사(seismic prospecting) 등을 진행할 계획이라고 밝혔다. 2011년 7월에는 Repsol Exploracion S.A.(스페인 회사)는 튀니지 산업기술부와 튀니지 북부 해상에 있는 Ras Korane(6,496㎢), Ras Rihane(4,044㎢), Nadhour(4,580㎢) 등 3개 지역 석유탐사계약을 체결하였다. 이들 계약에는 3개의 지역에 각각 3.8백만 달러를 투자하여 총 1,000㎢에 2차원 탄성파 탐사(2D seismic prospecting)를 실시하는 내용을 포함하고 있다. 2년 기한 종료 후에는 시추권(Drilling Permit)으로 전환이 가능하며, 3개의 지역에 각각 16백만 달러를 투자할 것으로 예상된다.

튀니지 원유 확인매장량은 6억 배럴(BP통계)이며, 하루 95,000배럴을 생산하고 있다. 이 중 76%는 El Borma 등 6개의 주요 광구에서 생산되며, 나머지는 29개의 소규모 광구에서 생산된다. 현재는 57개의 국내외 회사가 54개의 탐사허가를 받아 탐사 중이다. 천연가스는 추정매장량이 약 1,010억㎥이며, 1992년 MISKAR 유전에서 300억㎥ 규모의 천연가스 매장이 확인되어 개발에 활기를 띠고 있다. 2004년에는 23억㎥, 2010년에는 20억㎥를 생산하였다.

가스는 튀니지 국내 에너지소비의 50%를 차지하고 있으며, 2014년까지 국내 에너지소비량의 60%를 가스를 통해 충당하고자 계획하고 있는바, 이를 위해 향후 2014년까지 1,400㎞의 가스관을 새로 부설하여 2014년까지 80만 가구에 가스를 공급할 예정이다.

튀니지 전력 현황을 보면, 튀니지 전력 생산량은 현재 약 3,500MW 규모이나 2014년까지 새로운 발전소 건설을 통해 5,000MW의 전력을 생산할 계획이다. 화학 비료의 원료가 되는 인광석(Phosphate)의 추정매장량은 약 30억 톤으로서 2004년에는 총 805만 톤을 생산하여 각국에 수출하였으며, 인광석, 비료 관련 제품 수출액이 864백만 디나르로서 총수출액의 7.2%를 차지하고 있다.

이처럼 튀니지는 지난 수십 년간 아프리카 대륙에서 성공스토리의 사례로 여겨져 왔으며 2010년에는 3.7%의 GDP 성장률로 경제위기에서 조기회복을 보여주기도 했으나, 지난 2011년 1월 14일 시민혁명 및 계속되는 사회불안과 정치소요로 경기 침체기를 겪고 있다.

제5장 튀니지 혁신산업의 이해

화려한 상업간판과 다국적기업들이 영업을 하는 건물들이 많으나 고층건물은 찾아보기 쉽지 않다. 프랑스의 지배를 받았던 영향으로, 파리 도시처럼 대로들이 잘 조성되어 있다.

튀니지 산업의 현주소를 이해하면, 수공예품에 국한된 범위의 산업만을 조명하여 너무 튀니지산업의 기술수준이라든가 산업수준이 저평가되어서는 안 된다. '아랍의 봄'의 시발점이자 진원지가 바로 북아프리카 튀니지이기 때문이다. 튀니지에서 '아랍의 봄'이 최초로 발생한 이유는 다음과 같다. 첫째, 여러모로 중동의 아랍과 조금 다른 상황조건을 지녔다. 둘째, IMF의 자금원조로 경제 개혁을 하면서 EU의 생산기지로서 산업개혁에 성공하여 외형적 호황을 가져왔으나, 교역대상의 다각화에 실패하고 EU에 편중되어 있어 EU의 경제에 민감한 영향을 받게 되었다. 셋째, 세계금융의 경제위기가 EU를 강타하면서 소비자들은 보다 저가의 제품들을 선호하게 되었고, 이에 따라 튀니지가 수출하던 공급량의 20~30% 정도가 중국산으로 대체되는 상황으로 전개되었다. 이로써 EU 의존도가 상당히 높았던 튀니지에는 특별한 대책 없이 접하게 된 위기상황을 극복하지 못하고 결정적인 피해를 입게 되었다. 아랍의 봄이 도미노식으로 확산된 경제적인 원인은 첫째, 전체 인구의 60% 이상이 25세 이하 청년층이며, 둘째, 산유국이든 비산유국이든 빈약한 경제구조와 성장엔진의 악화이다. 1990년대 걸프전쟁 이후 2000년대까지 경기침체가 계속되었는데, 이는 신산업에 대한 혁신부재로 인한 일자리 창출이 실패하게 되었고, 경제가 개방화되는 과정에 원활하게 산업과 융합되지 못하면서 경쟁력 악화를 가져왔기 때문이다.

튀니지가 아프리카 대륙의 IT산업을 선도하게 되는 배경이 있다. 튀니지가 아프리카에서 유엔 전자정부 지수 1위이며, 아프리카에서는 드물게 사이버 대학도 있다. 현재 자녀에게 연인에게 휴대폰 선물이 최고로 인기가 있으며, 어딜 가나 휴대폰 매장을 찾아 볼 수 있다. 재스민 혁명 당시 알려진 대로 튀니지인들 사이에 페이스북이나 트위터 같은 소셜네트워크서비스(SNS)가 활성화되어 있기 때문에 전자조달 시스템에 SNS를 연동할 계획도 갖고 있다.

한국의 튀니지 IT 사업 지원은 전자조달에만 국한된 것이 아니다. 튀니스 서남부 무르주 공원 내의 국립환경보호청은 튀니지 전국 15개 지역의 오존과 탄소 등 대기오염 물질 농도를 측정한 결과를 취합, 분석하는 시스템을 이곳에서 작동하고 있다. 시스템 장비는 유지, 보수 때문에 가까운 유럽에서 들여왔지만 운영 소프트웨어는 안세라는 한국 업체가 만들었다. 다양한 정보를 처리하는 소프트웨어가 안정적이고 사용하기도 편리하다고 한다.

과거부터 생산된 제품의 90% 이상을 유럽에 수출하면서 튀니지 산업의 핵심으로 자리 잡고 있는 튀니지 섬유산업이 경쟁력 상실 위기를 맞고 있다. 최근 들어 중국, 인도 및 인도네시아 등 저가 섬유 제품이 대거 유럽시장으로 유입되고 있을 뿐 아니라 설상가상으로 2005년에는 1974년부터 시행해온 다자 간 섬유협정이 폐기되어 개도국산 섬유제품은 아무런 물량 제한 없이 선진국에 수출될 수 있기 때문이다.

튀니지의 섬유업체는 2,100개 사로서 이 중 1,600개 업체가 수출에 종사하고 있으며 여기에 종사하고 있는 근로자는 25만 명에 달하고 있다. 섬유산업으로 벌어들이는 외화는 연간 36억 달러로서 2002년 튀니지 전체 수출 금액의 50%를 점유하고 있다. 튀니지 섬유산업은 저임금을 바탕으로 경쟁력을 보유했으나 중국·인도·인도네시아 등 저임금을 무기로 한 신흥 섬유개발국에 밀려 점차 경쟁력을 상실하고 있다. 튀니지 섬유산업의 경쟁력 상실로 인해 가장 큰 타격을 받은 국가는 프랑스 업체이다. 튀니지 제1의 경제 파트너인 프랑스는 튀니지에 1,000여 개의 업체가 진출해 있으며 이 중 400개 사가 섬유업에 종사하고 있으며 2002년 프랑스의 대 튀니지 수입액 30억 달러 중 섬유제품이 43%를 차지하고 있다.

현재 튀니지는 대 프랑스 제2위 의류 수출국이면서 제6위 대 프랑스 섬유제품 수입국이며 중국·터키·홍콩에 이어 EU에 대한 제4위 의류 수출국의 위치를 점하고 있다. 튀니지 섬유산업 발전의 장애물로는 노동시장의 유연성 부족, 교육 제공 기회의 부족이 가장 많이 지적되고 있으며 강점으로는 시설의 현대화, 내의류, 양말류 등 일부 섬유 분야의 세계적 경쟁력 확보, 창업 분위기 고조 그리고 유럽과의 지리적 근접성을 지적하고 있다. 지속적인 튀니지 섬유산업의 발전을 위해서는 운송비용의 감축, 덤핑 방지, 지적재산권 보장, 거대 유통그룹과의 연대 강화 등이 향후 추진해야 할 과제로 지적되고 있다. 향후 튀니지 등 지중해 연안국에서 제조되는 제품에도 EU 원산지 마크를 부착할 수 있도록 제도화를 추진하고 있어 튀니지 현지 섬유제품의 생산에 자극제가 될 것으로 보인다.

1. 혁신으로의 시작

2011년 튀니지의 '재스민(튀니지의 국화)혁명'의 시발도 SNS였다. 2010년 12월 17일, 아프리카 북부 튀니지에서 한 청년이 분신자살을 시도했다. 경찰의 노점상의 과잉 단속에 항의하기 위한 행동이었다. 당시 튀니지는 30%의 청년실업으로 인해 노점상을 운영하는 젊은이들이 증가했기 때문이다. 그 당시 튀니지 인구 1,040만 명 중, 인터넷 사용자는 350만 명 이상으로 그중 페이스북 사용자는 200만 명 이상이었다. 튀니지 정부는 빠른 속도의 SNS 소통을 막지 못하고 반정부 시위가 23년 장기독재를 바로 무너뜨릴 수 있었다.

튀니지에서 '아랍의 봄'이 최초로 발생한 이유는 다음과 같다. 첫째, 여러모로 중동의 아랍과 조금 다른 상황조건을 지녔다. 둘째, IMF의 자금원조로 경제 개혁을 하면서 EU의 생산기지로서 산업개혁에 성공하여 외형적 호황을 가져왔으나, 교역대상의 다각화에 실패하고 EU에 편중되어 있어 EU의 경제에 민감한 영향을 받게 되었다. 셋째, 세계 금융의 경제위기가 EU를 강타하면서 소비자들은 보다 저가의 제품들을 선호하게 되었고, 이에 따라 튀니지가 수출하던 공급량의 20~30% 정도가 중국산으로 대체되는 상황으로 전개되었다. 이로써 EU 의존도가 상당히 높았던 튀니지는 특별한 대책도 없이 접하게 된 위기상황을 극복하지 못하고 결정적인 피해를 입게 되었다. 아랍의 봄이 도미노식으로 확산된 경제적인 원인은 첫째, 전체 인구의 60% 이상이 25세 이하 청년층이며, 둘째, 산유국이든 비산유국이든 빈약한 경제구조와 성장엔진의 악화였다. 1990년대 걸프전쟁 이후 2000년대까지 경기침체가 계속되었는데, 이는 신산업에 대한 혁신 부재로 인한 일자리 창출이 실패하게 되고, 경제가 개방화되는 과정에 원활하게 산업과 융합되지 못하면서 경쟁력 악화를 가져왔기 때문이다.

혁명 이전에 반정부 페이스북 블로거, 슬림 아마무는 2010년 4월 정부가 인터넷 이용자의 아이디와 비밀번호를 해킹하여 인터넷을 감시하는 '인터넷 비밀경찰' 600명이 활동하고 있는 글을 올려서 시민의 불만을 유발했다. 이에 따라 간헐적인 시위가 벌어졌으며 유튜브에는 수백 명 시위대가 구호를 외치며 경찰과 대치하는 동영상이 3,000개 이상 게시됐다.

그 당시 튀니지 정부는 데일리모션이나 유튜브, 플리커 같은 공유 서비스 접속을 차단했다. 활동가들은 유튜브가 차단되자 페이스북과 트위터를 활용하여 소식을 전달했다. 대중을 결집하는 데 가장 핵심적인 역할을 한 건 페이스북으로, 외국어로 쓰인 게시물을 자동으로 튀니지 공용어인 프랑스어로 번역해 튀니지인들의 시위 소식을 해외에 알리고 해외의 지지를 확인할 수 있었다.

튀니지는 젊은 층 인구 비중이 42.1%에 이르며, 리비아는 47.4%, 이집트는 52.3%이다. 경제위기로 인해 청년 실업률이 매우 심각한 문제이다. 이집트는 24%, 튀니지와 시리아는 30%가 넘었다. 젊은이들의 교육 수준이 지속적으로 높아짐에 따라 중상류층 일자리가 부족하게 되었고 이는 대다수의 대학 졸업자와 실업자들이 대부분 시위에 참여하게 되었다. 이들은 권위적인 장기집권에 따른 부작용에 대한 분노를 드러낸 것이었다. 여하튼 범아랍권의 혁명의 물결을 일으킨 것은 튀니지이기 때문이다.

2. 혁명 이후의 경제

혁명은 독재에서 벗어나게 했지만 더 이슬람 정권으로 교체되었다. 이후의 변화는 이슬람의 대표적인 의식인 라마단은 중반으로 갈수록 금식을 해야 하는 낮이지만 시내 중심가 하브부르기바(Habib Bourguiba Avenue)의 유럽풍 카페와 식당에 사람들이 넘쳐나게 했고, 라마단 후반에는 거리에서 현지 청년들이 보란 듯이 물을 마시고, 샌드위치를 먹는 것들을 목격하게 된다. 이는 기존에 공권력에 대한 저항과 자신이 운명처럼 수용했던 종교에서 벗어나고 자유를 갈망하는 튀니지 청년들의 표출인 듯했다.

민중혁명이 3년여가 지났지만 자유와 풍요보다는 경제적 위기로 돌아서고 있기 때문이다. 고대하던 햇살은 도래하지 않았고 오히려 힘든 시기를 겪고 있다. 과거에도 혁명이 독재에서 빠져나오게 했지만 공산주의체제로 자유를 상실한 경험을 겪었기에 지금의 경제위기가 힘든 것이다. 튀니지는 경제적인 현실의 어려움으로 민주화보다는 수많은 부패로 얼룩지고 있다. 새로운 정부는 이슬람을 더 강조하고 부패하여 자신의 욕심만을 챙기고 있다.

튀니지, 모로코, 알제리의 GDP 성장률(2013~2014)

연도 국가	튀니지	모로코	알제리
2013	3.4%	3.3%	3.5%
2014	3.7%	4.5%	4.5%

자료: EIU, Country Analysis, 2013

표에서 보듯 2014년도 GDP 전망은 상승할 기대를 갖고 있으나 이웃한 두 나라에 비해 저조할 것으로 예상하고 있다. 튀니지의 실업률은 13% 수준에서 25%로, 물가상승률은 연 3%에서 5.5%로 증가하게 되었다.

튀니지 경제에서 높은 비율의 관광산업이 해외관광객 수가 혁명 이전 연도에 비해 50% 정도 감소하였고, 지역 간 경제적 불균형으로 사회는 여전히 불안하며, 여기에 80여 개가 넘는 군소 정당들이 생겨나 경제적·정치적 혼란을 가중시키고 있다.

제6장 해외투자 유치와 한국과의 경제협력

　북아프리카에서의 한국을 비롯한 해외투자는 증가하고 있는 실정이며, 미래의 마지막 이머징 마켓으로 불리고 있다. 한국의 대표 산업인 자동차 부문의 경쟁력을 알아보면 다음과 같다.

　튀니지에서 판매된 자동차 대수는 연간 총 58,843대(2010)에 달한다. 주요 자동차회사의 영업실적은 폭스바겐이 11,167대(19%)로 1위를 기록했고, 르노가 9,844대(16,7%)로 2위, 푸조가 5,778대(9,8%)로 3위, 기아차가 5,607대(9,5%)로 4위, 포드가 5,559대(9,4%)로 5위를 기록한다. 기아차가 진출 첫해에 5,607대 판매로 4위를 기록한 것은 놀라운 실적이다. 한국 자동차의 가장 큰 경쟁력인 좋은 품질의 적정가격이 이곳 현지인들에게 어필하는 요인이 되었다. 또한 기아차는 City Cars를 수입업체로 선정했다. 반면 쌍용자동차는 튀니스 동남쪽 약 150㎞ 지점인 수스(Sousse) 지역에 판매대리점을 설립하여, 2010년에 167대 판매를 기록하였다. 현대차는 튀니지 Alpha사와 판매계약을 체결하였으나 수입쿼터제에 묶여 아직 판매를 실시하지 못하고 있다. 반면 기아차는 2011년에도 3,418대를 판매했는데 이는 폭스바겐(7,164대), 르노(6,138대), 푸조(5,824대), 시트로엥(5,068대), 피아트(4,057대)에 이어 6위의 기록이며 당시 쌍용차는 336대 판매하였다.

　튀니지 자동차 수입쿼터제는 튀니지산업통상부가 연초마다 전체 수입량을 확정하여 이를 각 수입업체에 할당한다. 대 튀니지 투자에 따른 자동차 수입쿼터 확보를 위해서는 자동차 관련 부품 생산 등

기아차의 경우 협력업체인 Yura Corporation(자동차 전기배선 생산업체로 슬로바키아 기아자동차 공장에 납품)의 투자실적으로 수입쿼터를 확보하고 있다. 2012년부터 튀니지산업통상부에서 45,000대를 총수입량으로 정하고(2011년도와 동일 수량), 이와 관련해서 3월에 수입업체에 대해 쿼터를 할당했기 때문이다.

튀니지 자동차 세금제도를 보면, 휘발유엔진 승용차의 경우 1,000cc 이하 10%, 1,001~1,300cc 16%, 1,301~1,500cc 30%, 1,501~1,700cc 38%, 1,701~2,000cc 52%, 2,000cc 이상 67% 등 용량에 따라 부과하고, 디젤엔진 승용차의 경우 1,700cc 이하 38%, 1,701~1,900cc 40%, 1,901~2,100cc 55%, 2,101~2,300cc 63%, 2,301~2,500cc 70%, 2,500cc 이상 88% 등 부과한다. 여기에 추가로 18%의 부가가치세가 부과되며, 3% 정도의 각종 수수료가 부과된다. 그러나 한국과의 경쟁국인 EU는 2008년 1월 1일부터 튀니지가 농산물 및 서비스를 제외한 상품에 대한 관세를 철폐함에 따라 기존 관세 대신 특별소비세 명목으로 세금을 부과하고 있다.

한-튀니지 교역 현황을 보면, 아랍의 봄 이전인 2011년도 대 튀니지 수출액은 185.6백만 달러로 2010년 대비 46.2% 감소하였다. 합성수지(38.8백만 달러 62.3% 증가), 승용차(36.3백만 달러 42.3% 감소), 건설중장비(20.4백만 달러, 28.3% 감소), 기타 석유화학제품(15.4백만 달러, 38.8% 증가), 화물자동차(7.4백만 달러, 139.1% 증가) 등이다. 반면에 수입액은 42.6백만 달러로 2010년 동기 대비 22.2% 증가하였다. 직물제의류(12.6백만 달러, 77.3% 증가), 알루미늄(6.1백만 달러, 24.2% 감소), 무선통신기기부품(4.4백만 달러, 7.9% 증가), 편직제의류(3.1백만 달러, 49.6% 증가), 스위치(2.7백만 달러, 43.9% 증가) 등이다. 튀니지 수자원관리공사(SONEDE)는 동남부 관광지인 제르바(Jerba) 섬 해수 담수화 프로젝트(42~45백만 유로 규모)를 국제입찰로 발주하였다.

한·튀니지 원자력협력 현황을 보면, 2010년 4월 한·튀니지 원자력협력세미나 개최로 한국의 원자력발전 경험 공유, 튀니지 내 원전 건설에 따른 기술적·재정적 타당성 검토를 위해 튀니스에서 개최되었다. 한국 측은 원자력안전시스템, 원전건설 부지 선택 기준, SMART 및 연구용 원자로를 소개하였다. 튀니지 측은 원자력 인프라 개발 현황 및 원전 건설부지 조사 개요를 발표하였다.

1996년 1월 튀니지 국립원자력과학기술센터는 프랑스 원자력청과 원자력연구센터 설립 등 실험용 방사선시설 설립을 위한 협정을 체결하였다. 2006년 12월 프랑스와 환경 보호·해수의 담수화·보건·전력생산 등의 분야에서 원자력 기술의 평화적 사용을 위한 협력 협정을 체결하였다. 이 협정 체결을 통해 튀니지는 원자력 기술 R&D와 원자력 발전소를 통한 전력생산 등 원자력 이용에 대한 초석을 마련하였다. 2008년 4월 프랑스와 원자력협력협정 체결과 2009년 4월 프랑스와의 원자력협력협정을 발효하였다.

2010년 6월 튀니지는 아랍원자력에너지기구(Arab Atomic Energy Agency)가 주최한 '전력 생산 및 해수 담수화를 위한 원자력 에너지 전망에 관한 아랍 회의'를 최초로 개최하여, 2010년 9월, 튀니지는 미국과 원자력 안전조치 및 비확산에 대한 협력 양해각서를 체결하고 상기 MOU를 통해 튀니지와 미국 국가원자력안보국은 원자력 인력개발, 원자력 안전, 방사선 방호, 환경보건 분야에서 협력을 진행할 수 있게 되었다.

튀니지 원자력발전소 도입은 탄화수소 가격의 급격한 상승 및 대체 자원 부재에 있다. 지난 20년간, 생활양식 및 산업·경제 성장으로 인해 튀니지 에너지 수요의 급격한 성장을 가져왔다. 2020년까지 약 6~7%의 에너지수요증가가 예상된다. IAEA의 보고서에 따르면, 화석연료에 대한 의존 감소와 증가하는 에너지 수요를 충당하기 위해 향후 15년 동안 4,000MW급의 전력을 생산할 수 있는 발전소 용량 필요성이 현실화되고 있다. 2009년 전력의 80%가 천연가스로부터 생산됨에 따라, 에너지 자립을 위한 에너지원 다변화가 필수적이고 지역 산업의 발전과 일자리 창출 때문이다.

제7장 미래 이머징 경제

튀니지는 프랑스의 강한 영향력하에 있다. 실례로 튀니지에 오샹은 마가진(MG)그룹의 자본의 10%를 보유하였다. 제휴 계약은 MG의 Hédi Baccour(부사무총장)에 따라 모든 물량의 소매업에 대한 기술 지원을 제공하는 두 그룹 사이에 체결되었다. 유럽이 이처럼 협력을 꾀하는 이유는 무엇인가?

이는 튀니지가 한반도처럼 작아도, 우리나라처럼 고대부터 역사적으로 중요한 발판기지인 이유이다. 스페인 이슬람화의 전초기지였던 카이르완과 북아프리카의 이슬람화, 현시대에는 중동과 이슬람사회에 영향력을 행사한 아랍의 봄, 시민혁명의 진원지가 바로 튀니지이기 때문이다.

카이르완 모스크, 아프리카 역사상 최초의 모스크(668년)[3]

현재 다양한 정치 세력 간의 타협의 큰 정신이 2013년 말까지 새로운 헌법과 선거의 채택을 보장해야 한다. 그러나 실정은 종교적 극단주의와 높은 실업률 등의 불리한 경제여건에 의한 불안정성이 지속되고 있다. 최근에 IMF 지원을 확인은 받았지만 경제적 문제를 해결하지 못하고, 특히 성장은 EU의 불확실한 전망 속에 여전히 약세에 놓이게 될 것이다.

　이제 튀니지의 부흥이 시작된다. 튀니지는 사막 가운데 새로운 비즈니스를 일구고 황폐해진 광원 위에 도로를 건설하고 사막의 강을 내고 있다. 아랍의 혁명을 통해 이 지역에 자유가 주어져도, 시민들의 마음은 절망 가운데 있고, 경제성장의 열망을 찾으며, 마그레브(튀니지·리비아·알제리·모로코·모리타니) 지역과 이곳으로부터 이주한 이주민들로 인해서 유럽의 미래역사가 변해가고 있다.

---

3) 북아프리카로 진군하다가 베르베르족의 공격을 도피하여 튀니지 중부지역의 숲속 군사요새로 세워졌고 그 후 북아프리카 최대 이슬람 도시이자 이슬람화 전초기지로 성장하였다.

☆ 문화경제 코드

○ 일반 영화관은 많이 있으나 시내 중심가의 **Africa**극장이 외국인들이 출입하기에 분위기나 청결상태가 무난하다. 2년마다 개최되는 카르타고 영화제에는 세계 각국에서 많은 영화가 출품되어 상영된다.

○ 시내 곳곳에 산재한 미술관에서 수시로 미술전람회가 개최되며 주요 일간지에 전람회 계획이 광고된다. 시립극장 등에서는 수시로 음악회가 개최되며 튀니지에는 자체 교향악단이 있다.

카이르완 모스크 출입문 앞 상점

☆ 튀니지 관광산업과 여행정보

관광 면에서 보면, 튀니지는 선진 유럽 제국과 지리적으로 가까운 이점과 벤 알리 대통령 집권 이후 이룩한 정치, 사회적 안정에 힘입어 천혜의 관광자원(기후·햇빛·바다·해변·사막 등)과 오랜 문화유산, 그리고 잘 발달된 도로망 등을 이용, 적극적인 관광개발사업을 추진하여 북아프리카·중동 국가 중 최대의 관광국으로 부상하였다. 그 결과 튀니지의 2004년도 총 관광수입은 22.9억 디나르로서 총 경상수입액 186.65억 디나르의 12.3%, 총 상품수출액 120.05억 디나르의 19.2%에 달했다.

○ 공중 화장실은 소변기가 높아서 다리가 짧은 남자는 조금은 불편하다.

○ 전통 인사법인 튀니지의 비주는 남녀를 불문하고 양쪽 볼을 두 번씩 또는 친한 관계는 네 번씩 비비며 입으로 쪽 소리를 낸다. 면도를 하지 않는 수염으로 뺨을 찌르는 경우나 땀에 찬 얼굴로 비비는 것이 쉽게 익숙해지기 어렵다.

○ 튀니스 수도에서는 전통과 현대적인 옷차림을 흔히 볼 수 있다.

○ 대중교통 이용 시 동유럽의 헝가리처럼 아니면 10년 전 한국처럼, 나이 든 노인에게 좌석을 양보하는 어른을 공경하는 문화가 있다.

○ 튀니지인들의 다양한 문화와 민족성의 표현으로 '머리는 유럽을 향하고 마음은 이슬람에 있으며 다리는 아프리카에 놓여 있다' 한다.

○ 튀니지는 유럽과 지리적으로 매우 가깝고 자연적으로 지중해성 온난기후, 사하라사막 등 유럽과는 이질적인 천혜의 관광자원과 다수 문화가 융합된 카르타고, 로마·이슬람·오스만튀르크 등의 풍부한 문화유산이 잘 갖추어진 도로망 등을 갖추고 있어 적극적으로 관광사업을 유치하고 있다.

○ 튀니지는 우수한 의료진을 갖추면서 저렴한 가격으로 성형, 안과, 치과, 심혈관 치료 등 의료관광 서비스산업에서 경쟁력을 지니고 있으며, 이웃한 마그레브 국가와 아프리카 국가들로부터 자국 내에서 치료가 어려운 국민들이 치료하러 튀니지를 찾으며, 또한, 유럽의 의료관광객들은 유럽에 비해 평균 40~70% 정도 저렴한 수술비로 방문한다.

○ GDP의 약 6~7%를 차지하는 튀니지의 관광산업은 전체 관련 관광업 종사자가 약 40만 명으로, 연간 약 700만 명의 해외 관광객에 따른 관광수입이 20억 달러(2008~2009)를 넘었으나, 혁명에 따른 치안 불안정 등으로 관광객 수가 빠르게 감소하고 있다. 그러나 튀니지는 관광객 감소에 따른 문제해결을 위해 다양한 방안을 강구하여, 튀니지항공은 관광시장을 연계한 프랑스에 항공편을 주 23편으로 증편하였다.

최근 외교통상부는 튀니지 치안상황(정치정세 안정, 일부 지역 외국인 관광 회복 등)을 감안해서 튀니지에 대한 여행경보단계를 아래와 같이 조정하였다.

a. 조정 내용

○ 조정 전: 튀니지 전 지역 여행경보 2단계(여행 자제)

○ 조정 후: 여행경보 2단계(여행 자제) 지역-서부 알제리 접경 지역(Jendouba, Le Kef, Kasserine), 중서부 내륙 지역(Sidi Bou Zid, Gafsa), 남부 사막 및 리비아 접경 지역(Zarzis, Tataouine, Ksar Ghilane, Douz, Tozeur 이남 지역)

여행경보 1단계(여행 유의) 지역-상기 2단계 지역을 제외한 수도 Tunis, 지중해 해안관광도시(Tabareka, Bizerte, Nabeul, Hammamet, Sousse, Monastir, Mahdia, Sfax, Gabes, Djerba 등)

b. 권고사항

○ 여행경보 2단계: 여행 필요성 신중 검토, 신변안전 특별 유의

○ 여행경보 1단계: 신변안전 유의

카르타고 공의회가 열렸던 곳(기독교 유적지)

☆ 출입국 심사 및 통관

a. 비자 정보

○ 양국 간 사증면제 협정이 체결되어 있어 30일간 체류할 때는 비자가 필요 없다. 단, 입국을 위해서는 왕복항공권이 있어야 한다.

○ 30일을 초과하여 체류할 경우 원칙적으로 입국 전에 비자를 얻어야 하며 당지 도착 후 2개월 이상 장기 체류 시에는 입국 후 2개월 내에 체류 비자를 별도로 신청해야 한다. 여권과 사진 2매를 구비하여 인근 경찰서에 방문하면 된다.

○ 튀니지는 외국인에게 영주권 또는 장기체류 비자를 발급하지 않고, 2년 기한의 비자를 연장케 하는 제도가 있다.

b. 통관

○ 육류·과일·채소 등은 반입 금지 품목이다.

○ 입국 시 4,000달러 이상은 세관에 신고해야만 출국 시 이를 소지하고 출국할 수 있다.

○ 시차는 한국보다 8시간 늦으며, 화폐 단위는 TND(Tunisian Dinar), 전력 사용은 220V/50Hz이다.

○ 대사관 홈페이지 http://tun.mofat.go.kr

c. 호텔

○ 주요 관광지로 자동차로 2~5시간 내 접근이 가능한 거리에 위치한 Sousse, Hammamet, Tabarka, Tozeur, Dougga, Djerba, Kairouan 등이 있다.

시디 부 사이드, 한 음식점 앞

- 관광지 호텔가격은 관광시즌에 따라 비성수기(11~3월), 보통시
기(4~5월, 9~10월), 성수기(6~8월) 등으로 나뉘어 차이가 크
게 나며 대체로 유럽 여행객이 많이 오는 6월 말부터 9월 초까
지는 호텔 사전 예약이 필수적이다. 전반적으로 호텔시설과 서
비스가 우수하며 성수기 중 호텔가격은 100달러(별 5개 급-최고
급), 70달러(별 4개 급-고급), 50달러(별 3개 급-중급) 정도 수준
이다.

지중해의 끝,

북아프리카와 유럽의 인카운터

초판인쇄　2014년 3월 28일
초판발행　2014년 3월 28일

지은이　서대성
펴낸이　채종준
펴낸곳　한국학술정보㈜
주소　경기도 파주시 회동길 230(문발동)
전화　031) 908-3181(대표)
팩스　031) 908-3189
홈페이지　http://ebook.kstudy.com
전자우편　출판사업부　publish@kstudy.com
등록　제일산-115호(2000. 6. 19)

ISBN　978-89-268-6091-5　93320

이담 Books 는 한국학술정보(주)의 지식실용서 브랜드입니다.

이 책은 한국학술정보(주)와 저작자의 지적 재산으로서 무단 전재와 복제를 금합니다.
책에 대한 더 나은 생각, 끊임없는 고민, 독자를 생각하는 마음으로 보다 좋은 책을 만들어갑니다.